VULNERABILIDADES PERCEPTIVAS DEL GERENTE
Simbolismo Ético del Capitalismo

ERNESTO LÓPEZ VILLAMIZAR

Copyright © 2021 Ernesto López Villamizar
Todos los derechos reservados.
ISBN: 9798742612094
Valencia, Venezuela

VULNERABILIDADES PERCEPTIVAS DEL GERENTE

Al todo Poderoso

A la familia

VULNERABILIDADES PERCEPTIVAS DEL GERENTE

A los que tienen la responsabilidad de satisfacer las
necesidades de la humanidad

A los que guían la formación de los cuadros gerenciales

A los distinguidos lectores habidos de conocer nuevas
formas de ver la actividad gerencial

Contenido

INTRODUCCIÓN 8
El placer moral 33
Los errores del conocimiento gerencial 45
Unidad y diversidad del gerente 53
El gerente ser biológico 60
Saturación Simbólica 92
Los ángeles y demonios 93
Los promotores fantasmales 94
La predestinación 94
La artificialidad de la moral 94
El placer moral y los valores éticos 94
Indiferencia de conciencia 95
La conciencia social 96
La naturaleza simbólica y el acceso al conocimiento 97
El símbolo y el signo 97
Los errores de identificación 98
Errores de procesamiento 99
Errores de estaticidad 101
Errores de interpretación y significación 101
Determinaciones ontológicas de la ética gerencial 102

REFERENCIAS CONSULTADAS 105
ACERCA DEL AUTOR..109

VULNERABILIDADES PERCEPTIVAS DEL GERENTE

PRÓLOGO

La acción gerencial se establece y garantiza al "tomar decisiones", por ello, aun cuando se desee plantear la gerencia como una ciencia, siempre cabe la posibilidad de arte, de algo realizado no solamente de manera hermosa, esbelta y regocijante, sino que le acompaña la precisión, la concatenación lógica, los estudios previos... todo ello inmerso en un plexo de teorías asumidas como soportes de una determinación paradigmática, desde la cual el gerente se desempeña. Desde este particular el Dr. Ernesto López, presenta esta obra develando "Las vulnerabilidades perceptivas del Gerente" iniciando con la mirada a una realidad cotidiana, el capitalismo o el modo de producción donde se desarrolla la acción gerencial.

Ahora bien, es bueno distinguir que el capitalismo es definido por Marx como un modo de producción, es decir: una manera, y no es la única, de cómo la organización o empresa genera ganancias, plusvalía, a partir del proceso de producción y puesta en el mercado del producto, mercancía generada o servicios. Por otra parte, teniendo presente que, toda decisión asumida por el humano siempre viene cargada de compromisos ontológicos, éticos, morales y hasta religiosos. En tal sentido, sin importar el paradigma del "modo de producción", el gerente en su ipseidad decide acciones y estrategias de su praxis soportada en un marco axiológico – ético, con ello se advertir su dasein (ser ahí) planteado por Heidegger envuelto y sumido en esa facticidad. De esta forma se hace a continuación una traza con base a lo percibido por el gerente, teniendo presente su ser sujeto en un mundo cotidiano en el cual toma decisiones.

Si de ética, moral y libertad se habla Kant es un referente obligatorio, primero porque la libertad, como acto pleno de obrar siendo del humanus en la toma de decisión, condiciona todo accionar con base en el "sapere aude". De esta forma, surge el compromiso de actuar no desde el querer sino desde el deber; sin embargo, comprender el deber implica tomar en cuenta el background propio de cada gerente, desde allí la el discurso del Dr. Ernesto plantea aspectos correspondiente a la naturaleza humana a partir de dimensiones como lo biológico haciendo referentes interesante a Nietzsche, acudiendo a obras como "Demasiado Humano" y "la Genealogía Moral" para analizar el constructo moral implicado en el comportarse y asumir conductas del gerente. De manera paralela trasciende lo biológico llegando a temáticas en torno lo trascendente del ser humano donde expone problemas del conocimiento, lo simbólico (Cassirer) y lo ontológico.

Ciertamente, la reflexión plasmada por el autor es todo un entramado invitando a lector para develar dimensionalidades metafísicas implicadas e imbricadas en el dasein gerencial. Más allá del bien y del mal está ese sentido de humanidad, pero al mismo tiempo la tarea en desempeño y una responsabilidad frente al telos organizacional y, por qué, no centrado en las personas pues son ellas quienes actúan desde su sensibilidad y cotidianidad para llevar adelante una cultura organizacional signada por la visión y la misión.

Dr. José Tadeo Morales

INTRODUCCIÓN

> El gerente es aquel a quien los subalternos le preguntan qué hacer y los superiores por qué no se hizo, y solo ofrece respuesta en cuanto logra interpretar el contenido simbólico de su mundo.

Las teorías administrativas y gerenciales se han desarrollado persiguiendo como objeto la productividad, ofreciendo herramientas para que su ejecutor, el gerente, logre la mejor relación costo beneficio en términos de empleo de recursos materiales, financieros, humanos y tiempo para obtener un producto que consiga con su comportamiento en el mercado multiplicar el capital invertido, o sea obtener ganancias (Amaru, 2009, Mc Gregor, 2006, Drucker, 1999, López, 2013). En este orden ideas, se puede tomar como punto de inicio el advenimiento de planteamientos teóricos como los conocidos aportes de Taylor en busca de la eficiencia productiva, Fayol quien pone en el tapete el asunto de las funciones directivas y estructura organizacional, de la mano con el enfoque burocrático de Webber, Mayo, Parkert, Barnard y Mc Gregor, que le dan el giro humanista por sobre el economicista, Drucker, Porter, Peters, Waterman, Mintzberg, Deming, centrados en lo estratégico, los procesos, la calidad y el liderazgo entre otros. Adicionalmente a la incorporación de nuevos paradigmas, como la teoría del caos, la cibernética, la teoría de sistemas, el énfasis en lo ambiental, la responsabilidad social y la incorporación de preceptos éticos, y por su puesto el esfuerzo educativo en una formación gerencial cada vez más integral.

No obstante, es por todos conocido que ello, aun no garantiza el éxito y persisten oportunidades de mejora y espacios por develar en lo humano (Gabaldon, 2007), y la prueba está en la cantidad de casos de fracasos empresariales, bajas de producción, deficiencia de calidad, casos de corrupción y malos manejos de recursos, que a diario se ven en el mundo empresarial sin dejar de considerar el sector público. Pero también reconociendo los grandes éxitos gerenciales que se dan y que dejan como prueba empresas y organizaciones exitosas. Estas consideraciones permiten de la mano con Humberto Maturana autor del libro El Árbol del Conocimiento (2003), hacernos la siguiente pregunta ¿Qué cosa o elementos aún no han visualizado todas estas teorías que generan aun resultados no esperados?

De esta manera, y sin alejarnos de muchas consideraciones de los postulados de las ciencias administrativas y gerenciales, hay que estar claros hoy más que nunca, que la capacidad directiva de quienes están al frente de las organizaciones, es determinante en su éxito o fracaso y visto desde una perspectiva de responsabilidad social empresarial, el éxito significa puestos de trabajo, crecimiento, desarrollo, disminución de pobreza, mejora de la calidad de vida, satisfacción de necesidades sociales con productos de calidad, accesibilidad de la población a los productos, sana competencia, buen uso de los recursos del planeta, disminución de la conflictividad laboral y formación de valores en torno al trabajo cónsonos con las necesidades de progreso de la sociedad.

Por lo contrario, los fracasos empresariales traen como consecuencias el desempleo, conflictividad laboral, escases de productos, altos precios, baja del poder adquisitivo de la población, despilfarro de los recursos del planeta, baja calidad de los productos, desvió del sentido de responsabilidad empresarial, exacerbación de intereses individuales, disminución en la captación de recursos del estado para su funcionamiento e inversión en obras sociales, aumento de la pobreza y surgimiento de valores entorno a una situación de supervivencia que se aleja del bien común.

Ahora, habida cuenta de la incidencia directa de quien dirige una organización a su éxito o fracaso, se justifica indagar sobre dicho individuo, a quien se denomina hoy en día gerente, y por su denominación como acción objetivadora organizacional, gerencia, en tal sentido el tema entonces se centra en hurgar por qué, siendo un tema hoy tan de moda, de existir todo un legado de estudios y enfoques, aunado a la trayectoria en la praxis gerencial, se dan tan disimiles casos de éxitos y fracasos. Algunas respuestas que se ofrecerán a dichas interrogantes, y se hace énfasis en indicar que se darán algunas respuestas, pues es seguro que habrá otras más, forman parte de los hallazgos de la tesis doctoral titulada "Una construcción hermenéutica de una analítica de la ética gerencial" (López, op. cit.).

En consecuencia, la primera consideración es la posibilidad cierta que existe una brecha entre lo que dice la teoría y lo que hace el gerente (Gabaldón, op. cit.), donde puede haber omisiones que permiten que los resultados planeados se diferencien de los obtenidos, un poco dando la razón a las consideraciones sobre un cierto caos y por otro lado tomando en cuenta desde el punto de vista sistémico (Von Bertalanffy, 1989, Morín, 1990 y 1999), que debe haber hilos conductores en las estructuras organizacionales que expliquen dichas diferencias, pero por algún motivo no son pensados. Para encontrar los elementos de esta brecha lo primero que se hizo fue ir al origen de las ciencias administrativas y gerenciales, preguntarse cuál fue su origen, buscar su raíz, allí se encuentra que estas no son otra cosa que la forma de operacionalizar las teorías económicas, lo cual generó otras preguntas y ¿cuál es el origen de las teorías económicas?, ¿cuál es la teoría económica reinante?, las respuesta no se dejaron esperar, el punto de partida de la teoría económica reinante es el modo de producción capitalista, y por tanto la teoría económica reinante es derivada del sistema de producción capitalista, respondidas estas dos interrogantes y claros que deben haber hilos conductores en términos simbólicos (Cassirer, 1968), que transmiten sus significados desde su origen hasta su manifestación como acción, en este caso la acción gerencial, surgió otra interrogante ¿y cómo acceder a estos preceptos simbólicos?, a tal efecto la respuesta direccionó a la obra de Adam Smith "Investigación de la Naturaleza y Causa de la Riqueza de las Naciones" así, se tiene el hilo histórico, la implantación del sistema capitalista regido por la obra de Smith y el nacimiento de la administración científica de manos de Frederick Winslow Taylor, Henry Fayol y otros.

En este orden de ideas, como resultado de un análisis desde lo filosófico buscando las raíces del fenómeno, se puso al descubierto que en toda manifestación bien sea practica o teórica, en este caso la praxis gerencial, que implica todas aquellas situaciones que viven los gerentes en su quehacer diario y los contenidos teóricos de la amplia bibliografía sobre temas gerenciales, existen hilos contentivos de cargas simbólicas que trascienden a lo largo de sus derivaciones como la savia desde la raíz del árbol a las diferentes ramas, así estén distanciadas. También hay que tomar en cuenta que el ser humano es el único interlocutor entre estos símbolos y la realidad, y es a su vez el ser humano un ser simbólico Cassirer, (1968), Heiddeger (2008), y que de la interpretación que da a determinada simbología depende su respuesta y esta respuesta es la actitud que rige su carácter; así desde esta perspectiva, se realizó una revisión de la obra de Adam Smith "Investigación de la Naturaleza y Causa de la Riqueza de las Naciones" en busca de elementos trascendentes que con su poder simbólico condicionen el carácter del gerente.

La revisión de dicha obra se llevó a cabo, siguiendo el establecimiento de una duda razonable en torno a la brecha entre el deber ser de las ciencias administrativas y gerenciales, y la realidad de los resultados, la construcción de la interrogante que permitió seguir el camino hasta el origen de dichas ciencias, una problematización lógica, que arrojó interesantes hallazgos; siendo el primero que el inicio de la obra lo dedica el autor a la naturaleza humana, haciendo énfasis en las conductas inadecuadas tanto del empresario como del trabajador en el ambiente laboral, al igual que en las operaciones mercantiles, y todo con un solo fin tanto personal como empresarial, que es la producción para la obtención de riquezas, donde las cualidades personales, los valores éticos y morales y hasta la suerte emergen como determinantes en los éxitos y fracasos y una reiterada posición del ser humano, de no reconocer sus limitaciones y deseos de tener más. Otro hallazgo interesante fruto de la metodología empleada en el análisis de la obra fue, la repetividad de vocablos y contenidos semánticos en torno a: mercado, producción, competencia, dinero, salario, opulencia, conductas inadecuadas, riqueza, trabajo, trabajador, capitalista, capital, entre otros, asunto que según connotados filósofos como Ernt Cassirer en su obra Antropología Filosófica (op. cit.) se constituye en un entramado simbólico al cual se enfrenta todo aquel que en dicho medio se encuentre, en este caso el gerente en su diario accionar.

La revisión ya señalada, se realizó siguiendo el método hermenéutico (Martínez, 2007), el cual ofrece herramientas para extraer elementos subyacentes de un discurso que contienen mensajes no perceptibles a simple vista, pero que bajo un efecto simbólico transmiten información que determinan la capacidad interpretativa del lector y por supuesto su accionar, en consecuencia, llámese a este lector el gerente. Ello permitió concluir que: en el trajinar gerencial, tanto desde lo teórico como en la práctica, se da una transacción simbólica que satura las estructuras interpretativas del hombre gerente. Por otra parte, estos elementos simbólicos en palabras de connotados estudiosos del comportamiento humano, como se verá más adelante, presentan características significativas que tienen la propiedad de formar parte del carácter del individuo, en este caso en la ejecución de su función gerencial, y que apegados a los postulados aristotélicos en términos de hábitos y costumbres, que ello conlleva en su accionar cotidiano al igual que el contenido teórico, se conforman en carácter y por lo tanto en ética como modo de ser y conducirse del gerente (Aristoteles, 1984, Guedez, 2002, Soto y Cárdenas, 2007).

De esta manera, ya enfocados en hurgar en lo humano en el Capítulo I, denominado: Naturaleza humana y capitalismo, se presentán una serie de elementos extraídos de la obra de Smith, donde se ponen al relieve los sentimientos y conductas que puede materializar los hombres en la dinámica comercial y laboral. El Capítulo II, se expone las perspectivas desde diferentes concepciones del bien y el mal, las motivaciones y plenitud humana y el placer moral que experimenta el individuo en cuanto es aceptado en el grupo por el resultado de sus acciones.

En el capítulo III, en torno a ver lo humano de la naturaleza humana, se analiza la condición humana y la humana condición en cuanto a lo que llama Edgar Morín, (1990), la pugna entre el homo sapiem y el homo demen, que se esconde en cada uno de nosotros y sus implicaciones en el desempeño gerencial, los errores mentales que comete el gerente en el acceso y práctica del conocimiento gerencial, la unidad como individuo y diversidad como integrante de una sociedad del gerente y la limitaciones biológicas que tenemos en la adquisición de conocimientos.

En el capítulo IV, se desarrolla el análisis de la influencia del uso natural de los sentidos por parte de los humanos, goce que se experimenta al ponernos en contacto con un símbolo que nos transmite un significado y los mecanismos de aceptación, reforzamiento y formación de actitudes conductuales, los cambios y la resistencia patológica al cambio.

Finalmente, en el Capítulo V, se exponen las consideraciones en términos del volumen y complejidad simbólica que debe manejar el gerente, en contraposición de unas condiciones humanas físicas y psicológicas que ofrecen una serie de obstáculo para que la información llegue a su receptor; el gerente, lo menos distorsionada posible, que comprenden una serie de elementos que atacan su vulnerabilidad semiótica, y afectan la toma decisiones acorde a la realidad, al igual que la necesidad de considerar las deficiencias por error u omisión de los postulados de las ciencias administrativas y gerenciales, una por su carácter de ser el resultado de la visión e interpretación de un ser humano, con las limitaciones ya indicadas y como ingrediente de cierre la instauración por efectos de la habitualidad y costumbre de sus preceptos en valores éticos que direccionan la conducta del gerente, tomando en cuenta lo que dice Moreno, (2008), que la ética esta primero que nada.

I NATURALEZA HUMANA Y CAPITALISMO

> ...la naturaleza misma dio a algunos cierta superioridad fobre (sic) sus hermanos en el orden natural, dotándoles de qualidades (sic) juntas con otras ventajas que debieron a la providencia y su fortuna en el mundo, vinieron a conftituir cierta ferie (sic) de circunftancias (sic) que exigieron de los demás hombre la fubordinación (sic)...
> (Smith, 1803, pág.43).

Es necesario acotar que aunque pareciera extraño, sobre todo en la obra de Adam Smith, dicho autor haga mención constante al comportamiento humano en torno a relaciones empresario y trabajador, empresario y empresario, inclusive a los ámbitos de relaciones comerciales entre naciones, por lo cual siguiendo la metodología antes mencionada se dio la obligatoriedad de considerar este aspecto como parte esencial del estudio.

La "Naturaleza Humana" presente desde el Tomo I Cap. XI de la obra, Investigación de la Naturaleza y Causas de la Riqueza de las Naciones de Adam Smith, surge en el contexto de los excedentes de la producción de los trabajadores y el destino que estos le dan, ya que comenta Smith que, en cuanto a comida, quizás las diferencias de poder consumir en cantidad principalmente y calidad, entre un rico y un pobre sean pocas, pero en cuanto a obtener otros bienes, esta diferencia se hace abismal por la naturaleza del hombre de querer cada vez más, de esta manera, el pobre para obtener ganancias lisonjea al rico para satisfacer su capricho por una parte, y se esfuerza en la calidad de su trabajo por otra, en un devenir de búsqueda incesante de recursos y materiales, así como de técnicas para satisfacer los caprichos del hombre (vestidos, construcciones, joyas, etc.). Tal como se resume en la siguiente expresión:

> …el apetito del comer, el deseo de alimentos está ceñido en todo hombre á la corta capacidad de su estómago y de su digestión; pero el deseo de conveniencia, aparatos, de edificios, de vestidos, trenes, equipages (sic.) ni tiene término, ni conoce límites en la soberbia humana (Smith, 1803, pág. 315).

Como se puede apreciar, podría darse un hilo conductor que une un deseo incesante de obtener ganancias, para satisfacer caprichos más que necesidades. En este orden de ideas, el autor hace mención de una actitud correcta del hombre de negociar sus bienes o productos para obtener otro, pero también a la actitud servil y lisonjera para obtener un fin por medios no cónsonos. Se podría establecer cierta comparación del gerente con aquel trabajador correcto que cumple cabalmente con sus funciones o aquel lisonjero deseoso de ganancias para satisfacer caprichos que violenta normas, cegado por el deseo de tener cada vez más, bien sean objetos de lujo o reconocimientos y ascensos o poder. También de la creatividad y otras cualidades que pueden emerger o desarrollarse para mejorar la producción.

Ya en el Tomo. II, emerge otro factor de importancia que es la diferenciación de capacidades que existe entre los hombres por naturaleza y su consecuencia en cuanto al progreso de cada país, en la expresión: "La misma inclinación natural del hombre promueve en cada país particular aquel orden de cosas que las necesidades humanas imponen en general a todo el mundo, aunque en ciertos y determinados paifes (sic) no se verifiquen del mismo modo" (op. cit., pág. 178).

La expresión precitada pareciera preparar el escenario para situaciones contradictorias, ya que si se considera por una parte la afirmación de que el hombre en general siempre quiere tener más, pero que los hombres son diferentes por naturaleza, podríamos sostener en primer lugar que unos quieren tener más y otros sólo lo necesario, lo que confirma la expresión anterior, y bajo esta afirmación, ello podría explicar las diferencias de desarrollo entre individuos, organizaciones y naciones, lo que plantea un escenario de progreso por intencionalidad. Pero si se da el escenario contradictorio entre las dos sentencias (todos quieren tener más y todos son diferentes por naturaleza), y por otro lado, si la diferencia se da en capacidades de producir por sobre intencionalidad, todos seguirán queriendo tener más, pero sólo los más capaces por aptitudes o fortuna lograrán la supremacía y los perdedores quedaran insatisfechos, asunto éste que entonces generaría una situación de conflictividad donde se abre la opción de la ruptura de límites y hasta aparición de sentimientos insanos, que en la transitoriedad generacional, praxis y cotidianidad se transformen en valores que abordan lo ético.

VULNERABILIDADES PERCEPTIVAS DEL GERENTE

Bajo la premisa de que la naturaleza humana busca siempre más de lo que realmente necesita, sería posible decir que cada ser humano necesita de acuerdo a su percepción, cosas diferentes. Y si lo humano se impone a la capacidad de cada quien, lo humano (Morín, 1990, Hursserl, 1997), puede imponerse a lo racional y el hombre autojustificar acciones que pueden ir desde altruistas sacrificios, hasta desviaciones morales para satisfacer apetencias.

En concordancia con la idea previa, continúa Smith haciendo énfasis en lo que llama "la injusticia y el desorden de las costumbres humanas" (op. cit., pág. 179). Y es importante esta frase porque la palabra costumbre en boca de Smith, que es claro conocedor de la teorética de la ética y los valores; recordemos que su anterior obra se denominó "La teoría de los sentimientos morales", por supuesto que debe ser tomada como asociada a la ética, surgiendo la interrogante ¿es que Smith, asocia el desorden y la injusticia con las costumbres humanas, y de ser así, forma parte de la ética del ser humano?

Siguiendo con la discursiva anterior, ahora el autor habla de la opulencia y de los hábitos adquiridos, lo que atrae poderosamente la atención a sabiendas de la cultura de Smith en el campo de la ética y la moral, sobre todo ahora que toca la palabra hábito, por lo que entonces cabe otra pregunta, quizás reiterativa de la anterior; ¿estará entonces calificando la opulencia y otros categoriales que definen la práctica mercantil como un hábito y por supuesto, relacionándolo con la ética?, en concordancia con las ideas aristotélicas

(1984).

Con arreglo al hilo conductor del asunto, en el Tomo III, Cap. VII, el mismo autor, hace una interesante reflexión sobre el efecto nocivo del exceso de ganancias, indicando que aquel comerciante o clase comerciante que obtiene exorbitantes ganancias pierde: "...aquella sobria virtud que debería caracterizar a sus individuos y que el luxo (sic) empieza a tener en ella una influencia dominante" (op. cit., pág. 219). De esta manera la reflexión sobre la expresión previa lleva a intuir sobre un asunto de descubrir las multiplicidades de desviaciones conductuales de que es capaz el hombre por naturaleza cuando descubre su capacidad para satisfacer sus necesidades, pero necesidades derivadas de su percepción particular, por decirlo en palabras de Edmund Hursserl (op. cit.), derivadas de una intelectualización donde el conocimiento de la cosa, en este caso de la necesidad es conocimiento del cognoscente, es decir de cada individuo. Y el lujo como construcción y concepción personal se convierte en símbolo que direcciona la conducta del hombre (Cassirer, op. cit.).

Al descubrir este incontrolable escenario, Smith dentro de su análisis echa mano a los sistemas regulatorios y en el Tomo IV, habla ya de los gastos en diferentes aspectos como la defensa, la educación y llama la atención en cuanto al caso del sistema de justicia que lo justifica en base a la disputa por recursos y a la asimetría en la posesión de los mismos, y así se encuentra con el resultado de su interpretación inicial expresando:

...las pasiones de la envidia, la ira, y el resentimiento; y se ve por experiencia que la influencia de semejantes pasiones para efectos de poner en execución (sic.) el daño, no es tan frecuente en la mayor parte de los hombres, como aquellas que incitan al interés; por la inicua complacencia de hacer el mal. (op. cit., pág. 32).

Da la impresión de acuerdo a la anterior aseveración, que el autor más allá de las consecuencias en cuanto a sentimientos impuros que puedan generar la envidia del que desea algo que otro tiene, el resentimiento por sentir que no obtiene sus logros o verse como objeto de algún acto injusto donde por supuesto esté involucrado un opuesto, lo asocia a la naturaleza del hombre de complacerse en hacer el mal, aspecto este que entonces deja emerger un enfoque que generará una alta desconfianza. Y si hablamos de desconfianza como componente de una red de relaciones, como es el mundo gerencial, entonces se hace necesario tener en cuenta que dicho sentimiento aflore en cualquier momento o sea componente actitudinal de cualquiera que ejerza la función de gerente. Y, por otra parte, es necesario considerar mecanismos normativos y legales y formación para regular las pasiones humanas, se reitera una tendencia humana a la trasgresión.

Además de lo contenido en su discurso sobre la naturaleza humana en la precitada expresión, luego atiza lo referido a bajos sentimientos surgidos de las relaciones laborales, evidenciado en la siguiente frase:

VULNERABILIDADES PERCEPTIVAS DEL GERENTE

> ...el aborrecimiento al trabajo, y el defeo (sic) de tener en el pobre, fon (sic) unas pasiones que incitan con más frecuencia, con una operación más conftante (sic), y con una influencia más universal, en donde se verifica la división de dominio, es casi consiguiente una grande desigualdad: para un individuo que haya muy rico, ha de haber quinientos pobres por lo menos; porque la opulencia de pocos fupone (sic) necesariamente la indigencia de muchos. La abundancia del rico excita la indignación del pobre imprudente, y la necesidad y la codicia. (op. cit., pág. 33).

Se observa en la idea anterior, la universalización del deseo de tener más, que lo implica entonces como un orden moral y ético, pero que en cuenta de las diferencias que originan que unos pocos tengan más y la mayoría tenga menos, deja el camino abonado en términos de las percepciones particularidades del surgimiento de sentimientos opuestos de asignación de culpabilidades al otro, y la ceguera del más favorecido.

Igualmente, es importante recordar donde se ubica el gerente, es por una parte, perteneciente a ese selecto grupo de unos pocos que tienen competencias directivas, que lo posicionan en una elite, pero por otra parte, un empleado que comparado con los dueños del negocio puede percibirse como el objeto de un alguien que es el dueño que posee las abundancias y por ende, este gerente podría desarrollar su indignación hacia su empleador, pero también ser objeto de la indignación de los obreros y empleados, aguas abajo.

Por otro lado, vale tomar en cuenta que surgen nuevos elementos dignos de considerar para una mayor explicación, en primer lugar, menciona el "aborrecimiento al trabajo" (op. cit.), de donde nace la interrogante, ¿entonces el hombre aborrece el trabajo?, por lo cual se puede decir que cuando se habla de trabajo y sobre todo de motivar al trabajador se está obligando al individuo a actuar en contra de su voluntad y por lo tanto los elementos motivadores deben ser lo suficientemente satisfactorios para superar esta condición humana, pero por ser condición de la naturaleza humana siempre estará presente en el individuo este sentimiento adverso, dejando la situación latente de emerger en cualquier momento o actuar desde el inconsciente.

Pero la expresión no solo queda en este elemento, resulta interesante cuando reiterativamente trae a colación nuevamente el deseo de tener, lo cual conjuntamente con el aborrecimiento al trabajo, genera una gran interrogante y como maneja el ser humano aspectos tan contradictorios, no querer trabajar y querer tener, cabe preguntarnos ¿cómo hacer para tener sin trabajar?, y aquí se da la oportunidad para que el hombre justifique desviaciones para lograr sus apetencias.

Prosiguiendo en la búsqueda de sentido de la expresión en cuestión, se observa como surgen los elementos de las desigualdades, no sólo en tenencia de bienes, si no en relación de un rico por quinientos pobres, y entonces de la explosión de indignación del desposeído. Esta interesante reflexión conlleva a preguntas sobre el sentido de la sentencia, es sólo una descripción que hace el autor de las realidades concretas que relata o puede llevar consigo un mensaje que habilita al desposeído para esta acción, más aún, en vinculación con los aspectos de las desigualdades de capacidades y deseos de tener más, ¿realmente quien se autodenomina desposeído lo es, o cómo actúa su percepción?

Respecto de las posiciones individuales que conllevan las diferentes percepciones de los hombres, señala Smith que la incompetencia que genera la prodigidalidad y mala conducta en una sociedad, y hace alusión a diferentes artimañas para el "logro de colocación y venta de productos por sobre las normas existentes, e inclusive por temor a la "pericia y actividad de la otra persona" (op. cit., pág. 16), e incluso de quienes hacen de ello una actividad cotidiana indica:

> Se exercitan (sic) cada dia y fe (sic) inflaman la envidia y los celos mercantiles, y por lo mismo fe ha de aumentar también la animosidad nacional: de modo que los negociantes de ambas partes fe (sic) han llegado á anunciar recíprocamente, con toda la apafionada (sic) confianza que inspira un errado juicio y un interés caprichoso. (op. cit., pág. 16).

Vale mencionar entonces que quien dirige la actividad comercial y mercantil mencionada no es otro que el gerente, por tal motivo, el entramado de sentimientos que se da en dichas relaciones no es otra cosa que la manifestación conductual de estos gerentes.

En este orden de ideas, como se puede apreciar surge

nuevamente el elemento de las bajezas humanas, pero matizado con el ingrediente de las percepciones particulares, dejándonos ver que cada individuo sufre este desarrollo de tales bajezas desde un contexto muy particular que lo puede alejar de la verdad y dar rienda suelta a un sin fin de conjeturas, pero desde el punto de vista interpretativo, cuando el autor vincula esta conducta a los intereses, el asunto permite inferir, que la relación de negociación se lleva en un contexto de compleja incertidumbre, matizada por la envidia, como ya lo expresó antes, causada por ventaja de uno sobre otro, en un escenario suma cero, de diferencias de intereses y aislamiento perceptual.

Por otra parte, aflora el carácter retroactivo de las prohibiciones, pone como ejemplo un dique, mientras más tiempo se mantenga cerrado mayor cantidad de agua acumulará y en algún momento superará dicha barrera y el agua llenará el cauce del río, no evitando nunca que esto suceda, esta figura metafórica no es otra cosa que una clara inclinación hacia un liberalismo de inusitadas previsiones. En este sentido, se podría entender que sería preferible dejar ciertos asuntos a las leyes naturales y acuerdos tácitos entre los hombres que una prohibición expresa que exacerba la rebeldía natural del humano, algo así como las leyes del mercado, o también confiar en la estructura de valores de cada quien.

Pero a esta estructura de valores, que caracteriza a cada individuo se suman diferencias naturales tal como lo expresa Smith:

> ...la naturaleza misma dio a algunos cierta superioridad fobre (sic) sus hermanos en el orden natural, dotándoles de qualidades (sic) juntas con otras ventajas que debieron a la providencia y su fortuna en el mundo, vinieron a conftituir cierta ferie (sic) de circunftancias (sic) que exigieron de los demás hombre la fubordinación (sic)... (op. cit., pág. 43).

El problema es que surge el aspecto de la aceptación por parte del individuo de la superioridad de otro, dejándolo quizás divagando en las expresiones previas, que nuevamente más que remitir dejan la gran incertidumbre de que piensa el hombre de todo esto, y si debe conformarse con la posibilidad de los hechos que puedan darse o es una conformidad superficial detrás de la cual se esconde una potencial reacción.

En otro orden de ideas, también explica que estos seres superiores deben poseer cualidades tales como el talento, que implica: el valor, la generosidad y demás dotes del espíritu, al igual que las físicas como la fuerza y la agilidad de cuerpo, pero, aunque sólo las del espíritu dan verdadera superioridad, estas dotes del alma también pueden ser aparentes, insertando el elemento del engaño. Donde hay que considerar al gerente situado en una posición ambivalente, como superior en cuanto a condición directiva con autoridad sobre un grupo de empleados y como inferior en cuanto a empleado de un capitalista, junta directiva o en todo caso el poseedor de los medios de producción que este tiene bajo su responsabilidad. Y por otro lado, cuando acepta que estas virtudes pueden ser manipuladas, deja una vez más en claro la naturaleza humana en toda su multidimensionalidad donde hay que entonces incluir la dualidad de jefe y empleado del gerente.

Otra cualidad es la edad, donde discrimina la decrepitud en contraposición de la experiencia, luego la tenencia de haberes y la superioridad de nacimiento de acuerdo a su estrato social.

Dado el enfoque en términos de comportamiento del ser humano que hace el autor, el tema indudablemente que toca lo ético y moral en torno a una actitud correcta e incorrecta, lo que conlleva a una primera conclusión sobre un aspecto dependiente del interno del individuo, reiterado por su relación con lo ético, pero que repercute también en el externo en cuanto a lo moral, dejando claro que tratándose de una obra sobre economía el autor implícitamente no puede apartar lo humano de la teorética en cuestión habida cuenta de su dominio del tema como filósofo y creador de la obra precedente "La Teoría de las Ideas Morales".

Lo anteriormente señalado, deja al descubierto varias consideraciones importantes, una: que no se puede desmeritar la naturaleza humana del gerente en su enfoque ético como individuo, y moral en lo convivencial, dos: según el precitado autor a pesar de no poner como centro o punto importante de su tesis el aspecto ético y moral, tampoco lo puede pasar por alto, pues este surge espontáneamente cuando se involucra al ser humano en cualquier actividad, al igual que se pone de manifiesto de acuerdo al autor que el individuo por lograr sus fines pareciera evidenciar como factor común comportamientos alejados de lo que podría considerarse dentro de la buenas costumbres. Y finalmente, permiten distinguir la aparición de posibles elementos tales como: la opulencia, la desconfianza, el aborrecimiento latente al trabajo, los elementos habilitadores de conductas inadecuadas ante percepciones de injusticia, una excesiva confianza en los elementos autoreguladores de la conducta humana en medio de las fuerzas liberales del mercado, pero también esto último podría ser un llamado a considerar que es más recomendable crear condiciones para el comportamiento que represarlo.

Adicionalmente, tampoco pueden ser pasados por alto, otros elementos que menciona el autor como ingredientes del ser humano tales como; el egoísmo, intereses privados, el símbolo de las ganancias, creatividad, responsabilidad industriosa y la autorrealización en el trabajo, hábitos y costumbres, que pueden emplearse con similitud con la ética y moral y que encuentra su referente en diferentes filósofos y teóricos como Maslow, (1985), Nietzsche, (2007), Morín, (1999) y Maturana y Varela, (2003), entre otros.

En orden de ideas, se puede llegar a una primera conclusión en torno a que el primer reto que enfrenta el gerente es su propia naturaleza humana, saturada de emotividades cuyo equilibrio se pone en juego ante la exacerbación por factores de desigualdad individual, el deseo de tener más, el economicismo, como medio de autoprotección para obtener el óptimo costo beneficio, que por una parte mueven la industriosidad, iniciativa y entrega al trabajo y por otra parte motivan la opulencia, la envidia, la resistencia propia del humano a sacrificarse entre otros, alimentados por una especie de caldo de cultivo simbólico que ofrecen los escenarios de competencia propios de la actividad mercantil.

II EL BIEN Y EL MAL EN LA NATURALEZA HUMANA DEL GERENTE

> Se exercitan (sic) cada dia y fe (sic) inflaman la envidia y los celos mercantiles, y por lo mismo fe ha de aumentar también la animosidad nacional: de modo que las negociantes de ambas partes fe (sic) han llegado á anunciar recíprocamente, con toda la apafionada (sic) confianza que inspira un errado juicio y un interés caprichos. (Smith, 1803, pag.16).

Las motivaciones y plenitud humana

En el contexto de la corriente de las relaciones humanas, Maslow, (1985), se inclina por la búsqueda del logró de la plena satisfacción del ser en perfecto estado de equilibrio entre su interno y su entorno, en su obra "El Hombre Autorrealizado", define el logro de la plenitud humana como la autorrealización, sosteniendo que el desarrollo del hombre está basado en la biología y por lo tanto es normativo para la especie humana, teniendo un menor grado de influencia el aspecto cultural" (op. cit., pág. 15), lo que implica egoísmo en lugar de altruismo, priorización de las necesidades vitales por sobre el deber, lo individual sobre el colectivo, etc., así, señala el autor que estas inclinaciones son propias de la naturaleza humana, tal como han sido explicitadas por Smith en sus respetivos postulados, pero contrarias a las manifestadas por las personas autorrealizadas que logran trascender dicha condición hacia una posición altruista, abnegados y sociales, que trasciende a una concepción de "Plenitud Humana" a el estado de equilibrio ya mencionado y que sería la condición actitudinal deseable de los gerentes, inclusive a "menoscabo o privación de crecimiento" a la situación contraria de desequilibrio presentado por aquellas personas que no han logrado trascender su naturaleza humana.

Hasta ahora se está ante un enfoque que busca ver al individuo desde el punto vista de su naturaleza, proposición muy importante en el ámbito de la gerencia, tomando en cuenta que toda la actividad organizacional no es más que una dinámica social y por lo tanto un entramado de personas que se interrelacionan continuamente, con un contenido estructural de características personales que dan complejidad infinita a dichas relaciones, en este orden ideas, tratar de entender al principal gestor y autor de dicha situación es de suma importancia, por lo tanto resulta acertada y vinculante la propuesta de Maslow (op. cit.), en cuanto a una psicología humanista que realmente permita la comprensión del ser humano en toda su naturaleza, donde hace énfasis en una serie de premisas o consideraciones para llegar a entender el comportamiento del individuo en su transitar a este estado de realización, que le permitirá en el contexto social un comportamiento cónsono en cuanto a sus intereses personales y el bien común, y en lo organizacional un óptimo desempeño como integrante de determinada empresa o institución.

En este orden de ideas, el precitado autor indica que "cada uno de nosotros posee una naturaleza interior, esencial, de tipo instintiva, intrínseca, dada "natural"; es decir, con un grado de determinación hereditaria apreciable y que tiende fuertemente a persistir" (op. cit., pág. 253), respecto de lo cual hace énfasis en el yo individual, incluyendo las necesidades básicas como hambre, sexo y otras de tipo fisiológico, las anatómicas y las prenatales, donde elementos como la opulencia, el trabajo, las normativas, fetichadores, la producción, precios, ganancia y complejidad gerencial, conllevan, a lo que sostiene Maslow en cuanto a que estas experiencias y aspectos se manifiestan como "inclinaciones naturales, propensiones o tendencias interiores" (op. cit., pág. 252), como se puede observar en este punto hay una amplia visión del ser humano que la gerencia debe tomar en cuenta para entender el comportamiento de los individuos, que quizás no se considera a la hora de tratar con un trabajador, y que indudablemente hay que tener en cuenta que, en muchas oportunidades no es fácil conocer las intimidades de la gente.

Pero prosigue el autor, apuntado sobre un consiguiente proceso de transacción con el exterior que se produce en el transcurrir del tiempo, aquí vale acuñar la multiplicidad de transacciones que se dan en la cotidianidad de la actividad de un gerente, en un mundo signado por las leyes del mercado y las pugnas mercantiles para sobrevivir, al igual que el manejo de una posición dual, en muchos casos, de jefe y empleado. Ello da como resultado una especie de conversión evolutiva hacia un "yo" definido, que puede dar origen a las inclinaciones citadas en las obras revisadas, diríamos un yo gerencial, igualmente. se da una condición de potencialidades de los determinantes extrasíquicos como la cultura, el medio, los amigos, la familia, que aunque no en su totalidad modifican o anulan el yo interno original, dan origen a una especie de estructura sentimental (sentimientos tales como el deseo por tener o la responsabilidad ya mencionados), bien sea por canalizaciones de este entramado de instintos y otras sensaciones o por asociaciones aprendidas arbitrariamente. Este núcleo interno antes señalado sostiene Maslow es paradójicamente fuerte y débil a la vez, qué significa esto, que en el transcurrir del tiempo, la parte instintiva de nosotros ya no es como la de los animales, ha sido reprimida, la educación, la desaprobación y otros instrumentos represores o coercitivos han hecho débiles esas voces internas que nos indican determinadas actuaciones.

Esto conduce entonces a entender de alguna manera las vinculaciones del quehacer gerencial y la actitud de los gerentes como seres humanos. Lo que implica que las vivencias en la praxis gerencial del individuo sin detenernos en juzgar sobre su apego o no al orden moral y empleo o no de herramientas gerenciales acorde a la situación, diseñan el carácter de cada gerente y en consecuencia su modo de conducirse.

El placer moral

Otro aspecto a considerar es el comportamiento humano desde los sentimientos, en vista de los aspectos encontrados como la envidia y el egoísmo, ante lo cual explica Nietzsche, (1984), que la historia de los sentimientos respecto de lo cual se responsabiliza alguien, denominados sentimientos morales, se da en tres fases a saber.

En primer lugar:

"...se dan unas acciones aisladas que pueden ser buenas o malas, sin consideración de sus motivaciones, sino de las consecuencias útiles o enojosas que tengan para la comunidad" (op. cit., pág. 39). En este caso el resultado de una gestión o aplicación de una herramienta gerencial o de un hábito adquirido por experiencia.

En segundo lugar:

"...no obstante estas consideraciones se olvidan de inmediato y se pasa solo a tomar en cuenta las acciones en sí, sin tomar en cuenta si su origen son buenas o malas..." (op. cit.). Solo ver los resultados sin buscar sus causas y más aún, solo buscar los fines sin pararse en la naturaleza de los medios. Esto explicaría acciones alejadas de las normas que por dar resultados exitosos se convierten en praxis irreflexiva.

En tercer lugar:

"luego se refiere al hecho de ser buenos o malos a los motivos, y consideramos a los actos en si como moralmente indiferente (El individuo no se detiene a pensar si lo que hace es bueno malo, solo lo hace). Se va más allá y damos el atributo de bueno o malo no al hecho aislado sino a todo el "ser de un hombre" (op. cit.). Se ve el caso muy común de achacar toda la culpa a la burocracia, sin analizar con profundidad el por qué de las fallas.

Aclara el autor que sería como si atribuyéramos la responsabilidad de una planta defectuosa a toda la tierra que la produce, de tal manera que se hace responsable al hombre de su influencia, de sus actos y de sus motivos y por último de su ser (es como decir que se incurrió en algo porque es cosa de humanos "errar es de humanos").

Se descubre entonces que, este ser (algo exsitente) no puede ser responsable por la consecuencia necesaria y formada de elementos, e influida por objetos pasados y presentes y por tal razón el hombre no es responsable de nada, ni de su ser ni de sus motivos, actos o influencia, en este sentido existe un error histórico en los sentimientos morales que deriva del libre arbitrio. Vale entonces considerar, que como naturaleza humana existe un devenir histórico que recae sobre cada individuo escindido de la voluntad de este, pero que influye en su actuación, de manera tal que ante la imposibilidad de excluir al gerente de ese devenir histórico donde tanto su acontecer como hombre, así como la influencia de los modos de producción, por medio de categoriales como la producción, las ganancias, toman comando de su accionar (por no decir de su voluntad) dirigiendo sus decisiones. Y de la mano con Husserl el gerente podría intelectualizar pensando que: el gerente no se equivoca, es la teoría gerencial o la praxis la culpable de los actos de este.

Pero no quiere decir esto que el hombre no tiene conciencia de sus acciones, ni posee mecanismo para manejar el conocimiento de sus acciones, sino que ello plantea un hilo conductor relativo a la particularidad de cada individuo y la historia de la humanidad, la variabilidad de la moral, tal como se observa en la expresión de Nietzsche (op. cit.):

> ..."en consecuencia, sólo porque el hombre se considera libre, no porque sea libre, siente el arrepentimiento y el remordimiento. Además, este pesar es cosa a la que podemos desacostumbrarnos; en muchos hombres no existe de ningún modo para actos a propósito de los cuales lo sienten otros muchos. Es una cosa muy variable, ligada a la evolución de la moral, de la civilización, y que tal vez no exista más que en un tiempo relativamente breve de la historia del mundo" (pág. 72).

Seria pensar que todo depende de las costumbres, y con arreglo al señalamiento previo, surge un elemento de importante consideración, como es una indiferencia de conciencia, asunto que coloca en el caso gerencial, al individuo en una posición de elección decisional con apego a intereses acordes o no al orden moral prevaleciente, sobre todo su aprehensión como precepto ético, que se vincula en las costumbres que se adquieran en el devenir gerencial de la mano con fines como la eficiencia en términos de economicismo, la producción, la transgresión de normas, que dejarían a un lado la responsabilidad y la autorrealización. Y muy importante entender la variabilidad de circunstancias que afectan esta toma de conciencia necesaria para que el individuo pueda distinguir entre uno u otro camino a seguir en su toma de decisiones como gerente. Pero de la mano con Smith, surge el aspecto regulatorio que pretende poner orden a este desvío que sufre el hombre en el medio mercantil como se ve a continuación.

Hace énfasis el autor en los esfuerzos del hombre por poner orden a su condición instintiva e irresponsable; que se evidencia cuando señala Nietzsche (op. cit.):

> La bestia quiere ser engañada en nosotros, la moral es una mentira necesaria, para no ser desgarrada por ésta. Sin los errores que residen en los datos de la moral, el hombre habría seguido siendo animal. Pero esta manera se tiene por algo superior y se imponen las leyes más severas (pág. 73).

De esta manera, sale a relucir la pugna entre una construcción del hombre imperfecta, en este caso las teorías gerenciales o simplemente la manera de gerenciar y la normativa legal que se enfrenta a la perfección de nuestra bestialidad, donde asuntos, siguiendo al mismo Nietzsche, como la larga historia de esa bestialidad y sus impresiones tiene al parecer demasiada ventaja sobre la artificialidad de la moral tal como se observa: "…durante la breve existencia de un hombre, los nuevos motivos que obran sobre él, no suelen actuar con la suficiente profundidad como para destruir los trazos impresos durante miles de millones de años (op. cit., pág. 74), razones que se inscriben en los señalamientos de Smith de las posibilidades de transgresión de normas en busca de las ganancias, satisfacción de intereses o no acatamiento de cierta forma de hacer las cosas, al igual de aquellas actitudes cónsonas con la moralidad y correcto empleo de herramientas profesionales.

La discursiva en desarrollo permite afirmar que las costumbres e instintos trazados e impresos durante la historia de la humanidad, donde el eficientismo, economicismo, al igual que los rencores desarrollados en estos largos periodos, incoados por los escenarios de pugna del mercado, aunados al instinto de supervivencia se sobreponen a los preceptos morales y éticos al igual que al empleo de herramientas profesionales que algunos postulados de las ciencias administrativas predican, más aún cuando se basan en cualidades y competencias, tal como se observa a continuación en la opinión de Nietzsche: "la brevedad de la vida humana conduce a muchas afirmaciones erróneas respecto a las cualidades de los hombres" (op. cit.), con esto podría explicarse de alguna manera la errónea pretensión de querer crear una ética por medio de una retórica superficial y relativamente moza respecto al afán de querer tener más, que antecede a las ciencias gerenciales y que a la vez son su fin en términos de una eficiencia utilitaria.

Prosigue el autor y haciendo énfasis en la preeminencia de los bienes o posesiones sobre el orden moral, indicando que, primero se establece la utilidad del bien sobre la justicia moral y más aún ello, supera la claridad intelectual y se convierte en dogma, entonces las sentencias categoriales en términos de productividad, ganancias, capital, propias de los escenarios económicos y gerenciales, permite reforzar la reafirmación de dichas categorías como símbolos dogmáticos que direccionan el accionar del gerente con arreglo a la naturaleza humana inmanente a la intelectualización de normas morales que disfrazan su verdadera esencia. Otro aspecto resaltante es el caso de la mentira, afirma Nietzsche, que indiferentemente de los orígenes de su educación el hombre desde niño se acostumbra a mentir a favor de obtener determinados provechos, asunto que no requiere de mayor análisis para su traspolación al ámbito gerencial. Todo lo anterior se condensa en la expresión de (Nietzsche, op. cit.):

Reconocemos entonces que no hay pecados en el sentido metafísico, pero que, en el mismo sentido, no hay tampoco virtudes; que todo ese dominio de ideas morales, está flotando continuamente; que hay concepciones más elevadas y más bajas del bien y del mal, de lo moral y de lo inmoral. Quien no pide a las cosas más que conocerlas, llega fácilmente a vivir en paz con su alma (pág. 81).

La expresión anterior no sólo establece el hilo conductor de la discursiva, sino que permite proyectar un estado de conciencia en base a simples juicios sensuales o conocimientos sobre determinada disciplina, en este caso pueden ser las practicas que ha aprendido determinado individuo para tener éxito en su negocio o las teorías o herramientas gerenciales obtenidas por medios académicos, que de manera instrumental pueden guiar y justificar su actuación sin necesidad de un análisis que permita interpretar y mucho menos cuestionar su decisión, y más aún permitirnos estar en paz con nuestra conciencia, así el gerente en medio de está intelectualización senso – teórica, actúa y moraliza con su posterior aprehensión ética en consecuencia, acorde a la expresión: "…se libertará de una multitud de ideas torturadoras, ya no se sentirá impresionado por la evocación de las penas del infierno, por el estado del pecado, por la incapacidad para hacer el bien; no reconocerá en esta frase más que sombras evanescente de concepciones del mundo y de la vida que son falsas" (Nietzsche, op. cit., pág. 83). En otras palabras, el resultado o fin sustentado en lo adquirido en la práctica o académicamente generan un entramado moral y ético cuyos principios se sustentan en lo allí aprehendido y lo allí aprehendido, en el ámbito gerencial, como ya hemos visto tiene su base en claros símbolos de productividad, competencia, capital, dinero, entre otros, por supuesto matizados por una naturaleza humana, sumamente vulnerable al ataque simbólico.

Así mismo, coherente con los fines de la productividad, la ganancia, el eficientísimo, el economicísmo y otros categoriales como es el éxito empresarial u organizacional, se da una perfecta relación con el orden moral, en palabras de Nietzsche "el éxito da a menudo a un acto todo el honrado esplendor de la buena conciencia, un fracaso pone la sombra del remordimiento sobre la acción más respetable" (op. cit., pág. 85), pareciera entonces, que, si se busca el hilo conductor a las aseveraciones del autor, la relatividad moral unida al categorial del éxito, ofrecen el vínculo perfecto a un justificativo benefactor al eficientísimo gerencial, sin mirar en los medios.

Por otro lado, esta relatividad de la concepción del bien y del mal que plantea el autor se complejiza, dada igualmente la complejidad de circunstancias que conducen al individuo a intelectualizar o justificar determinada situación tal como se observa en la expresión de (Nietzsche, op. cit.):

> ...nadie sabe a dónde le pueden conducir las circunstancias, la piedad, la indignación; no conoce el grado de su poder calórico. Pequeñas circunstancias miserables nos hacen miserables; la bajeza o la elevación del hombre, en bien y mal, pueden depender no de la cualidad de acontecimientos, sino de la cantidad (pág. 87).

Llama la atención el señalamiento del autor, en cuanto a la preeminencia de la cantidad sobre la cualidad de los motivadores de nuestras decisiones, asunto que remite a pensar en una vulnerabilidad que presenta el individuo ante los volúmenes de información, tales como los altamente profusos repetitivos categoriales que componen el quehacer gerencial, lo que conduce a establecer una situación de debilidad del gerente ante la complejidad que representa dicha saturación. Ahora vale preguntar sobre qué lleva al hombre a apegarse a determinado modo de vida moral, responde Nietzsche con el alegato del apego a las tradiciones, lo legal o la tendencia a emanciparse de ella, no obstante advierte una vez más sobre la indiferencia que presentan dichos dogmas en su nacimiento respecto del bien y del mal y de su fin, en cuanto a la conservación de una comunidad o sistema, lo cual permite aseverar que las teorías administrativas y gerenciales en su concepción no tienen ningún apego a la búsqueda de interpretaciones sobre el bien y el mal, claro y viene desde su origen, que es el medio de producción capitalista y la economía, donde el aspecto moral en cuanto a concepción del bien y el mal tal como lo conocemos no es tema de su incumbencia, su incumbencia es la productividad y por lo tanto el bien y el mal se ve desde hacer bien o mal las cosas para lograr el fin que es la productividad.

En este orden de ideas, (Nietzsche, op. cit.) postula el constructo del "placer en la moral" donde llama la atención la expresión:

Una especie importante de placer, y por tanto de fuente de moralidad, proviene del hábito. Lo habitual lo hacemos más fácilmente, mejor y, por tanto, con más agrado, se siente un placer en hacerlo, y se sabe por experiencia que lo habitual ha realizado sus pruebas, que tiene, pues, su utilidad; una costumbre con la cual se puede vivir está demostrada como saludable, útil, en oposición a todas tentativas nuevas, aún no experimentadas (pág. 97).

En primer lugar, la vinculación muy razonable del placer como parte de las normas de convivencia o pautas morales, permite hacer abstracción a categoriales como el economicismo en cuanto a la tendencia de las especies a la búsqueda de obtener un máximo beneficio del ambiente empleando un mínimo esfuerzo, lo que conectado con el postulado aristotélico de la felicidad, permiten echar mano a la habitualidad como originario de símbolos como la ganancia, la producción, la productividad y otros ya mencionados, lo cual con arreglo a Mafessoli, (2009), sin dejar de lado a Aristóteles, remiten a la formación de preceptos éticos que por supuesto se dan en el ámbito gerencial, donde los repetidos éxitos economicista en el eficientismo y la producción, se convierten en elementos de reforzamiento de la aplicación tanto de teorías como de conductas frutos de la experiencia, que lleva a un conductismo que evidencia el autor cuando afirma que lo habitual lo hacemos mejor y por lo tanto con más agrado (op. cit.).

De tal manera que, lo habitual es el símbolo de placer como lo sigue afirmando el autor, pero además de forma castrante en cuanto a búsqueda de nuevos horizontes y aún más podríamos hablar de una especie de alienación, en el caso de lo gerencial, de una alienación teorética - experiencial que deja al gerente encerrado en una especie de caverna de Platón, (1997). Y finaliza el párrafo con la forma en que se reafirma el hábito dada su utilidad y resultado comprobado; así, si ello se traslada a lo gerencial, digamos que se coarta la creatividad o visión de futuro, al igual que la visión social de la producción quedando atrapado, en elementos como mercado, ganancia, eficiencia, dinero, competencia, opulencia, ganar perder, en torno a las prácticas habituales para conseguirlo como determinante conductual y ético.

Ahora, este accionar gerencial, sin dejar de reconocer sus buenos resultados y por su puesto los casos de un enfoque correcto en lo social, y las innovaciones que han resultado de prácticas visionarias, se enfrenta a una naturaleza humana, que se inscribe en lo que llama el autor la inocencia de las acciones malas, motivadas por el instinto, el placer, el miedo, el dolor, entre otros, de manera tal que en el caso gerencial, al igual que en todo accionar humano, emergen interrogantes respecto de la influencia del grado de incidencia del placer del éxito gerencial, lo instintivo de cada individuo que ejerce dicho rol y el miedo al fracaso.

En este orden de ideas, el análisis que se viene desarrollando lejos de simplificarse y llevar a respuestas determinantes se complejiza, y esto porque el autor introduce un elemento que reivindica la existencialidad de las especies como es la legítima defensa, y de acuerdo a ello el autor indica que ésta forma parte de la moral, y pareciera lógico, no obstante el asunto se complica, cuando se transforma en justificativo de egoísmo, acciones de robo o agresiones personales, mentira, subterfugio, astucia para conservar o proteger lo que consideramos nuestro bienestar y seguridad, respecto de lo cual, entonces la seguridad de un cargo, la supervivencia organizacional, mantener indicadores positivos de gestión, defender la posición en el mercado o buscar beneficios de ascensos, prebendas, estatus, etc., pueden emerger como motivadores de conductas inadecuadas o de esfuerzos creativos e innovadores.

III LA CONDICIÓN HUMANA UN PROBLEMA DE CONOCIMIENTO PARA LA GERENCIA

> La importancia del fantasma y del imaginario en el ser humano es inimaginable; dado que las vías de entrada y de salida del sistema neurocerebral que conectan el organismo con el mundo exterior representan sólo el 2% de todo el conjunto (Morín, 1990, pág. 6).

Otro aspecto que emerge es como las herramientas y contenidos teóricos de las ciencias gerenciales y administrativas transitan esta naturaleza humana de los gerentes y se apoderan de su capacidad decisoria en términos de la habitualidad de la acción gerencial.

Los errores del conocimiento gerencial

Lo anteriormente indicado es un asunto de conocimiento, en este caso el conocimiento que toma el gerente en lo teórico y práctico de su actividad gerencial, ante lo cual expresa Morín, (1990), "Todo conocimiento conlleva el riesgo del error y de la ilusión" (pág. 5), además afirma que lo peor de ello es que reconocer, que cometemos errores o somos ilusos es aún más difícil, quizás dándose una absoluta ignorancia de que ello esté sucediendo, y este es un asunto que ha venido arrastrando la humanidad desde el homo sapiens, y que este problema debe ser resuelto por la educación, y desde el punto de vista gerencial es pertinente que esta educación llegue a dicho ámbito.

Prosigue el autor diciendo, que el conocimiento presenta un talón de Aquiles en cuanto a las perturbaciones o ruidos (noise), que se dan de manera aleatoria, generadas en cualquier transmisión de información, o cualquier comunicación de mensajes. Por lo tanto, no necesariamente un conocimiento refleja exactamente el objeto referido, ya que toda percepción no es más que traducciones y reconstrucciones cerebrales, que se generan de estímulos o signos captados y codificados por los sentidos; a este error perceptivo se suma el error intelectual. "El conocimiento en forma de palabra, de idea, de teoría, es el fruto de una traducción/reconstrucción mediada por el lenguaje y el pensamiento y por ende está a merced del riesgo de error" (Morín, op. cit., pág. 5).

En tanto que, este conocimiento es traducción y reconstrucción es por tanto interpretación, que conlleva al riesgo de error al interior de la subjetividad del cognoscente, de su visión del mundo y de sus principios de conocimiento dando origen a errores de concepción y de ideas que desbordan nuestra racionalidad, de esta manera nuestros deseos, miedos y las perturbaciones mentales derivadas de nuestra emotividad multiplican los riesgos de error, sobre todo ante la premisa de la vinculación inseparable de la inteligencia y la emotividad (amor, odio, curiosidad, pasión, etc.).

Reitera Morín, que esta estrecha relación entre inteligencia y afectividad puede dar como resultado que la afectividad pueda tanto anular como fortalecer el conocimiento y en este sentido expresa: "Así pues, no hay un estado superior de la razón que domine la emoción sino un bucle intellect + affect; y de cierta manera la capacidad de emoción es indispensable para el establecimiento de comportamientos racionales" (op.cit.), y el conocimiento científico es un medio muy poderoso para la detección de errores e ilusiones. De esta manera la educación debe direccionarse para identificar los orígenes de errores, de ilusiones y de cegueras, que de igual manera se dan en el ámbito gerencial.

Existen varios tipos de errores que cometemos cotidianamente, en el proceso continuo que se efectúa de manera involuntaria de interpretación de los objetos y sucesos que se presentan ante nosotros. Igualmente, en el contexto gerencial es pertinente considerar que dicha situación se encuentra presente y direccionada por los categoriales prenombrados donde inclusive surge la motricidad de los dirigidos a la producción, sobre los enfocados al buen comportamiento como la responsabilidad, capacidad industriosa y creatividad, jalonados por la necesidad de ganancias y productividad. Estos errores son de diferente naturaleza:

Los errores Mentales: ante lo cual señala Morín:

La importancia del fantasma y del imaginario en el ser humano es inimaginable; dado que las vías de entrada y de salida del sistema neurocerebral que conectan el organismo con el mundo exterior representan sólo el 2% de todo el conjunto, mientras que el 98% implica al funcionamiento interior, se ha constituido en un mundo síquico relativamente independiente donde se fermentan necesidades, sueños, deseos, ideas, imágenes, fantasmas y este mundo se infiltra en nuestra visión o concepción del mundo exterior.(Morín, op. cit., pág. 6).

Lo anterior da lugar a una enorme posibilidad de deformaciones de la realidad, donde pueden generarse mentiras, deformación de los recuerdos, evidenciadas en las figuras del egocentrismo, la autojustificación y la tendencia a proyectar en el otro las causas de nuestros errores o fracasos, lo que, de la mano con Nietzsche, (1984), deja el terreno abonado para la indeterminación del bien y del mal.

Otros son los Errores Intelectuales, que además de los errores intrínsecos que por sí misma posee cada teoría, doctrina o ideología, (como los que pueden estar causando los resultados no esperados de las teorías gerenciales), se suman la resistencia al cambio y postulados contrarios a cada uno de ellos que se genera como autoprotección. En el caso de las teorías científicas sus propios paradigmas puedan minimizar estos errores, pero el caso de las doctrinas e ideologías es casi imposible por estar encerradas en sí misma y no admiten contradicciones.

Igualmente, habla el autor de los Errores de la Razón, indicando que la mente apela al entorno para distinguir entre la realidad y lo imaginario, ilustrativo en la frase "Usted ve lo mismo que yo", esto lleva desde el punto de vista científico a acercarnos al conocimiento, no obstante, cuando nos valemos o aplicamos determinada teoría o postulado amañado a cierto interés particular o como justificativo estamos racionalizando, algo así como justificar determinada acción. En otras palabras, manipulando la realidad encubierta en una teorización como sustento de nuestro error, así el gerente apela a sus conocimientos y busca en ellos los justificativos necesarios. Lo cual requiere mantener una vigilante autocrítica, ya que la racionalidad implica un riesgo permanente a caer en la ilusión racionalizadora.

Desde lo fenomenológico sostiene Hursserl, (1997), que el humano ante determinada situación, posee una actitud natural y una actitud intelectual, la primera ópera sopesando, si nos gusta o no, nos conviene o no algo, en el caso gerencial, si obtenemos algún acierto, lo aceptamos y ya, pero si el resultado no se apega a lo esperado, de inmediato opera la actitud intelectual que generará una actividad de intelectualización que justificará lo sucedido, así sea echar la culpa a otra persona o a la mala suerte, igualmente ante la necesidad de obtener el fin que nos agrada, como seria aumentar la productividad u obtener ganancias extras, el transgredir una norma sería fácilmente aceptado.

Prosigue Morín, indicando que esto presenta un reto a la educación del futuro y por lo tanto a la formación gerencial como subproducto de los sistemas educativos, en vista que esta formación gerencial gesta sus principios en el modo de producción capitalista, ya mencionados de donde se puede evidenciar por la naturaleza de los categoriales que fueron aperturados, la tendencia economicista y autojustificadora de medios que conlleven al fin productivo.

Otros errores son las Cegueras Paradigmáticas. En este sentido expresa el autor:

> ...el nivel paradigmático es el del principio de selección de las ideas que están integradas en el discurso o en la teoría o que son apartadas y rechazadas. La determinación de las operaciones lógicas maestras. El paradigma está oculto bajo la lógica y selecciona las operaciones lógicas que se vuelven a la vez preponderantes, pertinentes y evidentes bajo su imperio (exclusión-inclusión, disyunción-conjunción, implicación-negación). Es el paradigma quien otorga el privilegio a ciertas operaciones lógicas a expensas de otras como la disyunción, en detrimento de la conjunción; es él quien da validez y universalidad a la lógica que se ha elegido. (Morín, op. cit., pág. 8).

De esta manera, es necesario entender que de acuerdo a los paradigmas presentes en nosotros en forma inconsciente somos llevados a aceptar o no cierta información, independientemente de su vinculación o no con la realidad. El paradigma determina las relaciones primordiales que constituyen los axiomas, establece los conceptos, los discursos y/o las teorías y organiza la estructuración de estos, así vemos que existe un paradigma reinante de la productividad, la ganancia, el eficientísimo o economicismo, que prefiguran una ética de relaciones interpersonales y normas morales.

Por otra parte, se da lo que llama el precitado autor el Imprinting y la Normalización, como efecto irreversible con que la cultural marca a los humanos desde su nacimiento (familia, escuela, universidad o en el desempeño profesional). Igualmente, aspectos sociales-económicos-políticos (poder, jerarquía, división de clases, especialización y, en nuestros tiempos modernos, tecno-burocratización del trabajo), así, todas las determinaciones culturales convergen y se hacen sinérgicas para encerrar al conocimiento en un multi-determinismo de imperativos, normas, prohibiciones, rigideces y bloqueos (Morín, op. cit, pág. 10), degenerando en un conformismo cognitivo que lleva a una normalización que elimina lo que ha de discutirse, así, las teorías administrativas y gerenciales, pareciera que convierten a sus postulados en elementos paradigmáticos que bloquean un pensamiento emancipado que no permite su autocorrección.

De la misma manera, hay efecto en torno a lo que denomina dicho autor, la Noología (Posesión), en el entendido que desde el comienzo de la humanidad existe una noósfera (esfera de las cosas del espíritu), en virtud de lo cual las ideas que viven en nuestra mente ejercen un poder de dominación sobre la voluntad, así como los mitos de los dioses condujo al homo sapiens hacia delirios, masacres, crueldades, adoraciones, éxtasis y sublimidades animal. De esta manera, vivimos en medio de una selva de mitos que llenan las culturas.

Así, la noósfera está en nosotros y nosotros estamos en la noósfera, e igualmente los humanos al ser poseídos son capaces de morir o de matar por un dios, o idea. Y aún al comienzo del tercer milenio, como los daimons de los griegos y los demonios del Evangelio, nuestros demonios de ideas nos arrastran, se sumergen en nuestra conciencia, nos hacen inconscientes dándonos la ilusión de ser hiper conscientes, señala Morín (op. cit.), que entonces podríamos decir que los demonios de la envidia, la opulencia y otros sentimientos que como hemos visto constituyen demonios que desde lo humano, viven desde siempre y desde el entramado teórico del sistema capitalista vive entre sus operacionalizadores, administradores y gerentes, desde hace unos trescientos años, y persisten de la mano con Morín en este siglo XXI. Y reiterativamente en cada acción las ideas que viven en las mentes de los gerentes, ejercen un poder de dominación sobre la voluntad de éstos.

Esto trae como consecuencia, que las sociedades domestiquen a sus ciudadanos por los mitos y las ideas, pero éstos a su vez domestican las sociedades y a los individuos, he igualmente los individuos podrían recíprocamente domesticar sus ideas al mismo tiempo, que podrían controlar a la sociedad que los controla; así, el gerente se encuentra imbuido en este juego; y es domesticado por la praxis y teoría gerencial. Ello da lugar a un juego complementario-antagonista-incierto de esclavitud-explotación y parasitismos mutuos entre las tres instancias (individuo, sociedad y noósfera), en el caso que nos ocupa gerente, organización y teorías gerenciales.

En este orden de ideas, se plantea la necesidad de luchar contra las ideas pero con el único medio que son las ideas mismas, implica entonces entender que se tiene un gran obstáculo intelectual para acceder al conocimiento que se encuentra en nosotros mismo, y que a la vez es el medio para superar el obstáculo; paradoja propia de este nuevo siglo que obliga a la reflexión profunda sobre nuestra complejidad como condición humana, que por supuesto permea el ámbito gerencial, ya que el gerente se encuentra en su cotidianidad con un sinfín de situaciones que lo obligan a hacer uso de sus conocimientos, bien sean empíricos, teóricos o ambos, pero estos conocimientos como ya se han mencionado están por decirlo así preconfigurados en términos de dos elementos direccionadores de las respuesta que dicho gerente de a la situación, y son la naturaleza humana y el economicismo.

De manera que, las instancias, gerente, organización y teorías gerenciales, se relaciona en un tejido de cotidianidad del mercado, resultados de gestión, sentimientos humanos que viven en las mentes de los hombres y ejercen un poder de dominación sobre su voluntad, imponiéndose los demonios del simbolismo del sistema capitalista ya mencionados.

Unidad y diversidad del gerente

Para contextualizar este concepto tomado de Edgar Morín, vale señalar que para conocer lo humano es necesario situar al hombre en el universo y a la vez separarlo de él. De esta manera, prosigue Morín, que hay que interrogar nuestra condición humana, es entonces interrogar primero nuestra situación en el mundo, ya que la gran cantidad de conocimientos adquiridos en los últimos decenios en la cosmología, las ciencias de la tierra, la ecología, la biología y la prehistoria han modificado las ideas sobre el Universo, la Tierra, la vida y el hombre mismo, sin embargo persiste una idea reduccionista que no permite establecer los vínculos existentes entre ellos, y así expresa Morín:

Lo humano permanece cruelmente dividido, fragmentado en pedazos de un rompecabezas que perdió su figura. Aquí se enuncia un problema epistemológico: es imposible concebir la unidad compleja de lo humano por medio del pensamiento disyuntivo que concibe nuestra humanidad de manera insular por fuera del cosmos que lo rodea, de la materia física y del espíritu del cual estamos constituidos, ni tampoco por medio del pensamiento reductor que reduce la unidad humana a un substrato puramente bio-anatómico. (Morín, op. cit., pág. 23).

De esta manera, se puede hacer el paralelismo de considerar la actividad gerencial sin tomar en cuenta al ser humano y los hilos que los unen. Por otra parte, adicionalmente a esta denuncia el autor plantea una situación paradójica, mientras hay un agravamiento de la ignorancia del todo, relación gerencia, hombre y sociedad, el conocimiento de las partes progresa, la profusa literatura sobre las teorías gerenciales, pero surge la necesidad del conocimiento de las ciencias naturales, con el fin de ubicar la condición humana en el mundo y de las resultantes de las ciencias humanas para aclarar las multidimensionalidades y complejidades humanas (Morín, op. cit., pág. 24). Y no olvidemos, que el gerente es un ser humano inmerso en estas multicomplejidades, donde se ve claramente que se da esta complejidad por un lado los elementos económicos, materiales, tecnológicos y de otra índole expresados en términos matemáticos y otros elementos cuantificables y por otro, los cualitativos y humanos inherentes al escenario del gerente como individuo y las relaciones interpersonales, empresariales y sociales.

En este orden de ideas, el precitado autor propone entre otras ideas "La humana condición" respecto de que la hominización o proceso evolutivo de la especie, es capital para una educación de la condición humana, donde está inmersa una formación gerencial integral, dado que ello pone en evidencia que nuestra naturaleza como animalidad y humanidad, constituyen juntas nuestra humana condición. Esto plantea entender *Lo Humano del Humano*, que implica que el hombre es un ser plenamente biológico y plenamente cultural que lleva en sí esta unidualidad originaria.

De esta manera, expresa sus potencialidades egocéntricas y altruistas, aleatoriamente, y puede alcanzar extremos que van de lo lógico racional a la demencia incontrolable es "el homo sapíens" es también homo demens", y ello tiene su origen en el aspecto cultural, así, señala Morín que el hombre es un ser plenamente biológico, pero si no dispusiera de la cultura sería un primate del más bajo rango, ya que la cultura acumula en sí lo que se conserva, transmite, aprende, donde se puede ubicar al gerente, como una persona que maneja por decirlo así una doble cultura, la propia de su localidad, raza o nacionalidad y la cultura gerencial heredada de un sistema altamente economicista donde prela entre otros elementos la productividad, en torno a la eficiencia, lo complejo de su cargo, la necesidad de generar ganancias, la importancia de los precios, la paradoja de las normas, ante lo cual indica el autor que existe un bucle:

> El bucle razón afecto e impulso" (cerebro triúnico de Mc Clean). las tres son complementarias y antagónicas a la vez implicando conflictos como la impulsividad, se enfrentan el corazón y la razón, La racionalidad no tiene el poder supremo; es una instancia que compite con las otras (triada inseparable); es frágil: puede ser dominada, sumergida, incluso esclavizada por la afectividad o la impulsividad (op. cit., pág. 27).

Se da entonces lo que el autor denomina Unitas Multiplex: La Unidad y La Diversidad Humana, de esta manera comprender lo humano, es comprender su unidad en la diversidad, su diversidad en la unidad (El campo individual, El campo social, Diversidad cultural y pluralidad de individuos). Expresa Morín:

El ser humano es él mismo singular y múltiple a la vez...Lleva en sí sus multiplicidades interiores, sus personalidades virtuales, una infinidad de personajes quiméricos, una poli existencia en lo real y lo imaginario, el sueño y la vigilia, la obediencia y la transgresión, lo ostentoso y lo secreto, hormigueos larvarios en sus cavernas y precipicios insondables. Cada uno contiene en sí galaxias de sueños y de fantasmas, impulsos insatisfechos de deseos y de amores, abismos de desgracia, inmensidades de indiferencia congelada, abrazos de astro en fuego, desencadenamientos de odio, extravíos débiles, destellos de lucidez, tormentas dementes..."(op. cit., pág. 28).

El autor nos conduce a través de esta reflexión, al constructo de "Sapiens + demens", indicando que el hombre en su multidimensionalidad lleva consigo el sapiens y demens (racional y delirante), faber y ludens (trabajador y lúdico), empirícus y imaginarius (empírico e imaginador), economicus y consumans económico y dilapilador), prosaicus y poeticus (prosaico y poético), ello conduce al "Homo complexus" que va de lo infantil a lo neurótico, pero sucede que cuando hay ruptura de los controles racionales, se presenta confusión, entre lo objetivo y lo subjetivo, entonces el homo demens somete al homo sapiens y subordina la inteligencia racional al servicio de sus monstruos, de esta manera, esos elementos como la envidia, la opulencia, el odio, la creatividad y otros frutos de los hallazgos realizados emergen de forma dominante.

He aquí ahora, como ese bucle razón-afecto-impulso, puede estar presente en cualquier momento de la cotidianidad del gerente y llevarlo desde el uso racional de una herramienta o conocimiento, en la toma de decisiones hasta dejarse arrastrar por algún afecto personal o impulso de temor, rabia, euforia. Y para profundizar es este aspecto veamos la siguiente reflexión:

Por esta razón, la locura es un problema central del hombre, y no solamente su desecho o su enfermedad. La demencia no ha conducido la especie humana a la extinción (sólo las energías nucleares liberadas por la razón científica y el desarrollo de la racionalidad técnica podrían conducirla a su desaparición). Sin embargo, tanto tiempo parece haberse perdido, malgastado en ritos, cultos, ebriedades, decoraciones, danzas e innumerables ilusiones (op. cit., pág. 29).

Lo anteriormente indicado, le adiciona al bucle racionalidad, impulsividad, afecto, una propiedad de la conducta humana de perderse en busca de falsos atractores como los ritos, cultos, ebriedades, decoraciones, otras ilusiones que no le ha permitido avanzar en línea recta hacia un objetivo, así el gerente no exento de esto, puede malgastar tiempo y recursos de otra índole en movimientos ilusorios o decisiones incoherentes en su gestión.

No obstante, la preocupante denuncia que hace el autor en la cita precedente, reconoce los beneficios del desarrollo técnico y el científico y su producción de filosofía y ciencia, para que la humanidad haya dominado la tierra. En definitiva, la dialógica sapiens-demens ha sido creadora siendo destructora; "Así, una de las vocaciones esenciales de la educación del futuro será el examen y el estudio de la complejidad humana." (op. cit., pág. 31), lo cual debe conducir a la toma de conocimiento, de conciencia, de la condición común a todos los humanos.

En definitiva, la postura del autor en cuanto a los errores trascedentes del conocimiento, la posición reduccionista y disyuntora de la modernidad, en contraposición a una visión del hombre en su totalidad biológica, planetaria, social, antropológica y psíquica, como derrotero orientador para comprendernos como especie en nuestra real condición como humanos "condición humana", no puede bajo ninguna circunstancia estar alejada del ámbito gerencial, más bien, considerar el comportamiento organizacional disociado de lo humano en toda su dimensionalidad sería un grave error.

Implica lo anterior, la necesidad de todo individuo que ejerza la actividad gerencial comprender que está en todo momento inmerso y sometido a fuerzas de impulsividad, afectividad y racionalidad que han sido previamente moldeadas por una cultura social y una cultural gerencial signada por los símbolos de la productividad.

El gerente ser biológico

Desde este punto de vista, se hace necesario no olvidar lo biológico del comportamiento humano como elemento inseparable de lo filosófico y metafísico, ya mencionados, asunto previamente esbozado, pero abordado en su proceso en cuanto a adquisición de conocimiento y medio de puesta en contacto del hombre con la naturaleza, en tal sentido, se debe hacer referencia a los procesos de formación de estos medios de vinculación, ante lo cual, se entiende que los seres vivos en su totalidad comienzan su existencia con una estructura unicelular determinada como punto de partida hacia una constante transformación estructural que se da en él, sin ninguna interrupción de su identidad ni de acoplamiento al medio donde vivirá, pero por otro lado, sigue un rumbo muy particular relacionado a su historia de interacciones motivado por una secuela de cambios estructurales que dichos acontecimientos históricos han generado en él, lo que llaman Maturana y Varela, (2003) "selectoras" de determinada ruta de cambio estructural.

Citan los autores, el caso de dos niñas de una aldea Bengalí que fueron criadas por lobos, luego de su rescate a la edad de cinco y ocho años respectivamente, nunca lograron acoplarse en su totalidad a la vida humana, corrían en posición de cuatro patas, tomaban los alimentos como los animales, cuando no se les estaba observando, inclusive una de ellas murió en breve tiempo. Por lo cual, se hace necesario considerar que somos altamente dependiente del medio, aún en condiciones muy diferentes a la estructura biológica (op. cit.). Asunto que permite vincular la habitualidad gerencial en torno a indicadores de productividad, ganancias, pérdida o ganancia de dinero, indicadores de eficiencia, y otros, como direccionadores de una cultura muy particular, de manera que se podría decir entonces, que una persona que se ha desarrollado en su carrera gerencial tomando decisiones bajo las premisas ya mencionadas lo seguirá haciendo, ya que dichas premisas se encuentran arraigadas culturalmente, tanto por su contenido teórico como por su historicidad como praxis de la actividad gerencial.

Atribuyen los autores a los hechos narrados, una relación del sistema nervioso con lo que captamos desde los sentidos, indicando que el sistema nervioso de un organismo actúa como un instrumento mediante el cual dicho organismo obtiene información del ambiente, en este caso el ambiente sería los escenarios donde se desenvuelve el gerente, que posteriormente usa para construir una representación de este, y recordemos lo que nos ofreció Adam Smith en cuanto a una diversidad de conductas presentadas por los actores del mercado, no obstante hay que considerar que el sistema nervioso actúa de acuerdo a su estructura y el medio no puede modificar esta estructura sino "gatillarla", así estos símbolos mercantilistas no influyen en la naturaleza de la estructura, sino impulsan su accionar, despertando quizás la creatividad y sentido de competencia o conciencia social o los demonios de la opulencia y la envidia entre otros, por lo tanto para nosotros poder interpretar lo que sucede en cierto momento utilizamos la información del medio que se presenta dentro de esta estructura, nuestra estructura nerviosa, ante lo cual señalan Maturana y Varela: "Nos encontramos pues, con una gran dificultad y resistencia, porque nos parece que la única alternativa a la visión del sistema nervioso como operando con representaciones es el caso de la negación de la realidad circundante." (op. cit., pág. 88).

Se podría decir entonces que, los símbolos del mundo gerencial sobresalientes saturan la naturaleza del gerente, y no le permiten apreciar la realidad circundante que no está dentro del campo estructural del sistema nervioso, que ya fue gatillado por los simbolismos de la actividad gerencial previa, por lo cual plantean los autores que si el sistema nervioso no opera, ni puede operar con la información del mundo circundante, cómo se da la afectividad operacional del hombre y de los animales, dada la negación propuesta del mundo cognoscible previa, lo que nos llevaría a una situación de arbitrariedad, que plantea la dualidad de suponer que el sistema nervioso opera con representaciones del mundo y por otro negar el mundo circundante, lo que entonces conlleva a pensar que el sistema nervioso opera en el vacío. Opera en base a representaciones del pasado que ya no existen y las superpone al presente.

Explican los autores, quienes nos colocan en dos dominios, uno interior que opera independiente del exterior, el que contiene lo ya adquirido, y otro exterior que opera independiente del interior, lo ahora; la complicación comienza cuando nos cambiamos de un dominio a otro sin advertirlo, perdemos el control o confundimos en que dominio estamos operando y nuestro comportamiento no es acorde al dominio donde nos encontramos, lo ideal sería tener conocimiento constante de este movimiento y del contexto que contiene a ambos dominios. En este orden ideas, puede darse que en un momento el gerente tome decisiones cónsonas a la situación, opera con los datos del dominio exterior o se deje llevar por sus impulsos no reconociendo el dominio exterior y operando con contenido en el dominio interior.

La respuesta a las manifestaciones de comportamiento dadas en determinado dominio son descripciones que se hacen de los cambios de un organismo en el medio indicado y se llama conducta, de esta manera la conducta no se define por las acciones propias del organismo, pues él sólo sufre cambios estructurales internos, solo cuando es algo señalado por alguien, por ello el que una conducta sea adecuada o no dependerá del ámbito de expectativas del observador, por decirlo así, que es lo que el gerente espera de su gestión. Entonces las estructuras éticas por sobre la normativa dependerá de la naturaleza de un gerente, que como ya se ha señalado está direccionada por los cambios que se impulsan entre otros por símbolos como la productividad, la ganancia y el economicismo.

Partiendo que la conducta es una descripción que realiza un observador, de los cambios de estado de un sistema referido a su medio, que como se ha dicho serían los resultados de su gestión, o información interna de la empresa o externa que lo obligan a tomar decisiones, compensando las perturbaciones que recibe de este, resulta entonces que el sistema nervioso no inventa la conducta sino que la expande, dado que el sistema nervioso no solamente comprende las células externas sino todas las células comprendidas en el entramado de conexiones que este contiene, de tal manera que el más leve cambio en cualquier elemento de la estructura de un organismo gatillará cambios en su conducta, lo que llaman los autores una clausura operacional, que es el momento de la toma de decisiones.

En este orden de ideas, se da una plasticidad en el sistema nervioso que le permite este constante estado de cambios, lo cual no estriba en guardarse las representaciones, sino que en su continuo cambiar mantiene coherencia con las transformaciones del mundo circundante dándose una sincronía que deriva en aprendizaje, de aquí se hace necesario distinguir entre conductas innatas y aprendidas, así retomando, que la conducta es un hecho relacional que nosotros como observador señalamos entre organismos y medio, por lo cual, las estructuras innatas desarrolladas por cada especie de determinaciones genéticas hacen posibles acciones instintivas y por otro lado aquellas estructuras desarrolladas como resultado de las interacciones históricas, que se pueden llamar ontogénicas serían las aprendidas. Se presenta entonces, la disyuntiva entre la capacidad genética y física del hombre ante las situaciones gerenciales y sus ontogenéticas direccionada por los categoriales prenombrados, donde este mediar generará su acción decisional.

Ahora en lo interpersonal y social se da el fenómeno de interacciones entre organismos de carácter recurrente de acuerdo a sus representaciones, que por un lado mantiene sus individualidades y por otro la relación entre ambos, que se denomina fenomenología de acoplamiento de tercer orden, de esta manera pasando por las particularidades de acoplamientos desde insectos, primates y otros tipos de animales vale conceptualizar el asunto según los autores como una fenomenología basada en la participación de los organismos en la satisfacción de sus ontogenias (estructuras históricas) individuales, fundamentalmente por medio de su acoplamientos mutuos en la red e interacciones reciprocas que se configuran al constituir su unidad de acuerdo a sus particularidades. De acuerdo a lo anteriormente señalado, y trayendo a colación el bucle organización, gerente, se da una dinámica de actualizaciones entre los contenidos de la teoría gerencial conocida por el gerente y los aprendizajes cotidianos enfocados en el marco de una constante búsqueda de la productividad.

De igual manera, se da un fenómeno social fruto de un acoplamiento estructural entre los individuos y que como observador nos permite describir una conducta de las coordinaciones reciprocas entre ellos, lo cual es válido para nosotros como descriptores de nuestra propia conducta social, que igualmente es trasladado a una conducta cultural que definen los autores como: "la estabilidad transgeneracional de configuraciones conductuales adquiridas ontogenéticamente en la dinámica comunicativa de un medio social"(op. cit., pág. 133). Lo que lleva entonces a la creación de una cultura por intercambio en la dinámica gerencial.

Habiendo visto como dos o más organismos en un interactuar recurrente originan un acoplamiento social respectivo, con arreglo a la capacidad de acoplamiento de un sistema a su entorno y la capacidad de un sistema de producirse así mismo, se puede inferir sobre un sistema gerencial que se ha autoproducido, acoplado a un entorno saturado de una lingüística economicista. Así expresan Maturana y Varela:

Esta cualidad de las conductas comunicativas ontogénicas de poder aparecer, como semánticas para un observador que trata cada elemento conductual en ellas como si fuese una palabra, lo que permite relacionar estas conductas al lenguaje humano. Más es esta condición la que resaltamos al designar esta clase de conductas como constituyendo un dominio lingüístico entre los organismos participantes. (op. cit., pág. 138).

Lo anteriormente expuesto indica, por una parte, un dominio lingüístico disciplinar que se inscribe en el trabajo, economicismo, producción, precios, ganancia y complejidad gerencial. Pero al surgir el elemento de la construcción lingüística como medio para darle significado a los dominios conductuales observados, se presenta la razonable duda de si, de no haber palabras para definir un determinado dominio conductual no queda este entonces fuera del dominios del sistema y por lo tanto no es considerado, a tal efecto aclaran los autores que se da una situación de "no saber que no

VULNERABILIDADES PERCEPTIVAS DEL GERENTE

estamos viendo", lo que implica que hay cosas que no nos imaginamos que existen y por lo tanto no tenemos conciencia que no las estamos viendo, por ejemplo, cuando no se tenía conocimiento del espectro electromagnético, no nos imaginábamos que no estábamos viendo un medio para transmitir información. Así puede darse que existan otros elementos en la gerencia que las teorías gerenciales simplemente no han podido identificar, ni tampoco los gerentes en la praxis, dejando abierta una ventana para ampliar las conceptualizaciones de nuevas situaciones. Lo antes expuesto es más que elocuente en la frase: "operamos en lenguaje cuando un observador ve que tenemos como objeto de nuestras distinciones elementos de nuestro dominio lingüístico" (op. cit., pág. 139) y por lo tanto es claro que hay limitaciones y nuevas opciones que encontrar y más aún emerge la necesidad de una mentalidad abierta al cambio.

IV RED SIMBÓLICA, LA REALIDAD, SENTIDOS Y CONOCIMIENTO

> El ser humano, en lugar de tratar con las cosas mismas, en cierto sentido, conversa constantemente consigo mismo. Se ha envuelto en formas ligústicas, en imagines artísticas, en símbolos míticos o en ritos religiosos, en tal forma que no puede ver o conocer nada sino a través de la interposición de este medio artificial.(Cassirer, 1968, pág. 27).

El goce de los sentidos

Con arreglo a Cassirer, (1968), en cuanto a que toda la actividad humana se basa en una red simbólica como única manera de captar su riqueza y diversidad, conduce a la consideración que tanto vocablos y frases como la interpretación que se puedan hacer de ellas, saturan el espectro comprensivo del individuo, objeto del conglomerado simbólico contenido en la teorética atinente al modo de producción capitalista y su desplazamiento hacia los postulados de la economía, la administración y la gerencia, que se materializan en categoriales como fondos, capital, competencia, valor, ganancias, economicismo, producción, precios, interés, ganancias y mercancía.

De la mano con Aristóteles explica Cassirer, que todo conocimiento se origina en la naturaleza humana como tendencia propia en cuanto a manifestaciones y reacciones elementales, a tal punto que comprende toda la vida de los sentidos, de esta manera el ser humano desea por naturaleza conocer, evidenciado en el goce que obtenemos del uso de nuestros sentidos, que además de su utilidad son "queridos por sí mismos" (op. cit., pág. 8), especialmente el de la vista, no solo en el acto de emplearlo con algún cometido, sino por la simple ociosidad de ver, lo que es preferible a cualquier otra sensación, lo cual explica por qué por medio de la vista, más ningún otro sentido puede conocer y establecer diferencias entre las cosas, así desde este punto de vista biológico pareciera que la primera etapa del conocimiento se da en el mundo exterior, y ya que por otra parte en lo que se refiere a necesidades inmediatas e intereses prácticos, el hombre es dependiente del medio ambiente circundante, explica el autor: "Desde los primeros albores de la conciencia humana vemos que el punto de vista extravertido se halla acompañado y complementado por una visión introvertida de la vida" (op. cit., pág. 8), y poco a poco la curiosidad natural va cambiando esta percepción.

Desde esta perspectiva, el hombre ha buscado explicar su existencia, por lo que siempre se encuentra una antropología primitiva ligada a una cosmología primitiva como fruto de interpretaciones culturales, míticas y religiosas que otorgan al conocimiento un carácter de obligatoriedad, tal como lo han inculcado los grandes pensadores, convirtiendo el tema en una exigencia moral, pero para alcanzar este conocimiento solo se puede hacer a través del hombre y por lo tanto es imposible acceder a los secretos de la naturaleza, sin un previo estudio de los secretos del hombre, lo que implica llevar a cabo una autorreflexión si deseamos conocer la realidad.

En este orden de ideas, el autor ahora se refiere a Sócrates, en cuanto a la postura de éste, atinente al estudio del hombre como tal, sin embargo, visto que Sócrates sólo llega a conferir atribuciones o cualidades a dicho hombre. Explica Cassirer que éste se quedó en un nivel superficial, no obstante, siembra la inquietud filosófica que arrastra el pensar futuro, de donde concluye entonces el autor en diferenciar las maneras de describir las cosas naturales y al hombre, asintiendo en que las cosas físicas se pueden describir en base a propiedades objetivas pero el hombre sólo en términos de su conciencia, lo cual refiriéndonos a Nietzsche (op. cit.), conlleva a asentir sobre la relación del efecto de los símbolos sobre la conciencia de los gerentes.

Por otro lado, Cassirer con arreglo a San Agustín, indica que la razón no posee una naturaleza simple, sino que está compuesta por una doble forma y a la vez escindida, lo cual pareciera desviarse con palabras de Tomás de Aquino, quien deja la problemática en términos del apego a la guía de Dios. Desde este enfoque el filósofo se ve obligado a buscar la explicación de la naturaleza del hombre por medio de la comprensión de su vida y comportamiento, podría decirse una vida signada por el simbolismo del mundo gerencial, lo que pasa por el esfuerzo de abandonar la pretensión egocentrista del juzgar y pensar en base a su manera de ver el mundo, un mundo inmerso en el simbolismo gerencial, lo que reitera una manera ya direccionada por esta saturación de símbolos, de tal forma que se hace imperante encontrar en la enmarañada naturaleza humana "la oculta fuerza motriz que pone en movimiento todo el mecanismo de nuestro pensamiento y voluntad" (op. cit., pág. 23).

Una vía de abordaje de esta problemática la sume el autor desde el punto de vista biológico, retomando las conjeturas sobre el papel de los sentidos y especialmente el de la vista, señalando que todo organismo posee un sistema receptor y un sistema efector, que generan un equilibro de información recibida y una respuesta a ésta, que sirve para la supervivencia de dicho organismo, los cuales se encuentran íntimamente relacionados y que forman un "círculo funcional", pero haciendo la salvedad entre especies vivas y el hombre como ser más avanzado, se dan procesos diferentes, en la mayoría de las especies este círculo es directo estímulo-respuesta, casi en su totalidad como accionar biológico, en el caso del humano la respuesta en la mayoría de las veces es demorada, interrumpida y demorada por un proceso complejo de pensamiento. Ante lo cual no hay salida, es nuestra naturaleza debemos asumirla, y reconocer que el hombre como tal no vive solamente en un universo físico, sin que también vive en un universo simbólico, que en el caso el gerente se refiere a la simbología ya mencionada, así el lenguaje, el mito, el arte y la religión conforman la red simbólica que comprende la naturaleza humana y todo progreso en pensamiento y experiencia refuerzan esta red. En tal sentido indica Cassirer:

En lugar de tratar con las cosas mismas, en cierto sentido, conversa constantemente consigo mismo. Se ha envuelto en formas ligústicas, en imágenes artísticas, en símbolos míticos o en ritos religiosos, en tal forma que no puede ver o conocer nada sino a través de la interposición de este medio artificial. Su situación es la misma en la esfera teórica que en la práctica. Tampoco en esta vive un mundo de crudos hechos a tenor de sus necesidades y deseos inmediatos. Vive más bien, en medio de emociones, esperanzas y temores, ilusiones imaginarias, en medio de sus fantasías y de sus sueños (op. cit., pág. 27).

De allí que se puede decir, que la razón es un término inadecuado para abarcar las formas de la vida cultural del humano en su amplia riqueza y diversidad, ya que estas formas son simbólicas y por lo tanto se hace necesario en lugar de definir al hombre como animal racional, definirlo en términos de animal simbólico, más aún entender que el progreso de la cultura se encuentra en esta condición, y si se habla de animal simbólico, por supuesto que la alta simbología previamente descrita constituirá el mundo de dicho hombre, el gerente.

Ahora indica el autor, que como punto de partida se debe tomar el lenguaje, ante lo cual hay que entender que el lenguaje no es un fenómeno simple y uniforme, comprende elementos diferenciados en lo biológico y sistemático, de donde surgen niveles como el lenguaje emotivo, el cual domina ampliamente la expresión humana, mediada por la palabra como oración que posee un estructura sintáctica y lógica definida, de donde se hace necesario distinguir entre animales y humanos, los animales obedecen a señales como operadores de determinados mensajes y los humanos a símbolos designadores, (fondos, capital, competencia, valor, ganancias, economicismo, producción, precios, interés, y mercancía entre otros, para el caso que nos ocupa) y forman parte de mundo humano del sentido, en otras palabras otorgan sentido, lo cual ocurre como proceso psíquico que va de lo práctico a lo simbólico pero muy lentamente, y de esta manera el hombre construye su mundo simbólico (el mundo gerencial).

Así, no importando su forma sino su función como forma arquitectónica, la función de lenguaje es vivificar los signos materiales, hacerlos hablar, sin cuya intervención el mundo sería sordo mudo, de esta manera cada cosa posee su nombre, pero también un correlato que le da diferentes significados de acuerdo a los idiomas y contexto, ante lo cual expresa el autor:

Un símbolo humano genuino no se caracteriza por su uniformidad sino por su variabilidad. No es rígido o inflexible sino móvil. Es verdad que el darse cuenta plena de esta movilidad parece ser, más bien, un logro tardío en el desarrollo intelectual y cultural del hombre; la mentalidad primitiva raramente se percata de esto (op. cit., pág. 36).

En este orden de ideas, el símbolo es una propiedad de la cosa, así en el mundo mítico el nombre de un Dios es parte integral de su naturaleza, no obstante se presenta una situación de pensamiento simbólico respecto del objeto y pensamiento relacional respecto de las relaciones que caracterizan dicho objeto, el cual es solo posible en un sistema complejo de símbolos que otorgan estas relaciones; de esta manera el hombre ha desarrollado una capacidad para aislar relaciones y considerarlas en su sentido abstracto, un ejemplo de ello es la geometría, en ella no nos ocupamos de figuras singulares concretas o cosas físicas y objetos perceptivos, pues solo estudiamos relaciones espaciales universales, que expresamos con su simbolismo determinado, lo cual no hubiese sido posible sin la intermediación del lenguaje, de igual manera la gerencia. Por otra parte, destaca la capacidad del humano de poder aislar de un cumulo de objetos imbricados en el curso de los fenómenos sensibles que fluyen determinados elementos fijos y concentrar su atención por medio un proceso reflexivo, lo cual es ampliado en la expresión:

> …muestra reflexión cuando en todo el sueño ondulante de imágenes que fluyen a través de sus sentidos puede recogerse en un momento de vigilia, morara en una imagen espontáneamente, observada con claridad y con más pausa, y abstraerse características que le señalan que este y no otro es el objeto. Así muestra reflexión cuando no solo puede percibir de una manera viva y nítida las cualidades, sino puede reconocer una o varias de ellas…entonces podemos exclamar ¡eureka! este el carácter inicial de consciencia es el lenguaje (op. cit., pág. 39).

Y este lenguaje para el caso que nos ocupa entonces da sentido disciplinar y posterior acción práctica a tono con los categoriales simbólicos que componen como ya se ha visto el mundo del gerente.

Por otra parte, está el espacio y el tiempo que comprenden la trama en que se halla tejida toda realidad, de tal forma que no se puede concebir ninguna cosa real sino bajo condiciones de espacio y tiempo. Explica el autor de la mano con Heráclito, que nada en el mundo puede exceder las medidas espaciales y temporales. Ahora en el pensamiento mítico el espacio y el tiempo jamás se consideran como formas puras o vacías sino como las grandes fuerzas misteriosas que gobiernan todas las cosas, que gobiernan y determinan no sólo nuestra vida mortal sino también la de los dioses. Habría entonces que reflexionar como este aspecto del espacio y el tiempo se vincula a. fondos, capital, competencia, valor, ganancias, economicismo, producción, precios, interés, ganancias y mercancía, reforzando la aparición de elementos angustiantes en los gerentes por resolver las situaciones irreflexivamente bajo la presión del tiempo y el espacio y los categoriales previos que saturan sus sentidos.

Siguiendo al autor, hay que considerar diferentes experiencias espaciales y temporales; una capa más baja descrita como de espacio y tiempo orgánicos, dado que un organismo vive en un determinado ambiente y tiene que adaptarse constantemente a las condiciones de este para sobrevivir. Luego se tiene un espacio simbólico (lo simbólico del mundo gerencial). Al abordar este tema nos encontramos en la frontera entre el mundo humano y el animal; los animales superiores como el hombre se encuentran en una nueva forma de espacio designada como espacio perceptivo (mundo gerencial captado por cada gerente); el cual no es *un* mero dato sensible; posee una naturaleza muy complicada, con elementos de los diferentes géneros de experiencia sensible, óptica, táctil, acústica y kinestésica.

No obstante, persisten interrogantes donde la cuestión genética referente al origen de la percepción espacial pierde importancia, dando paso al desarrollo del espacio perceptivo en términos del espacio simbólico, donde los símbolos antes indicados toman la dirección del accionar del gerente, así, se tiene que al hombre le cuesta llegar a la idea del espacio abstracto, esta idea es la que le abre paso, no sólo para un nuevo campo del conocimiento sino, para una dirección enteramente nueva de su vida cultural de donde el autor indica como corolario, que advierte Newton que no confundamos el espacio abstracto, el verdadero espacio matemático, con el de nuestra experiencia sensible y expresa: "La idea del espacio del hombre primitivo, aun cuando esté sistematizada, se halla vinculada sincréticamente con el sujeto; es una noción mucho más efectiva y concreta"(op. cit., pág. 41).

En lo que al tiempo se refiere este es pensado, en un principio, como una condición general de la vida orgánica existente en la medida en que se desenvuelve en el tiempo. No es una cosa sino un proceso, en término de corriente continua de acaecéres sin retorno. puede decirse que el gerente sólo capta la porción del mundo gerencial que le es posible, dejando fuera de su conciencia otras porciones, de acuerdo a Maturana y Varela, no sabe que existen y que se extiende a todo el dominio de la naturaleza viva, así la memoria y la herencia constituyen dos aspectos de la misma función orgánica, tal como se observa en la expresión: " Todo estímulo que actúa en un organismo deja en él una huella, un rastro fisiológico definido; y las futuras acciones del organismo dependen de la cadena de estas huellas" (op. cit., pág. 48), de esta manera cobra importancia la memoria en cuanto al transitar organizacional y los símbolos en la actividad gerencial que han predominado en dicha disciplina y las vivencias de cada gerente, al igual que su proyección futura.

Pero para que pueda haber memoria se requiere de un proceso de reconocimiento e identificación, ideacional muy complejo, deben repetirse las impresiones anteriores y, además, deben ser ordenadas, localizadas y referidas a puntos diferentes en el tiempo, lo cual no es posible sin la concepción del tiempo unido a otro elemento de orden serial que es el espacio (el gerente en su accionar diario en el mundo gerencial). Asunto este que luego del análisis realizado se puede decir, que se ha dado en cuanto a la difusión y permanencia en el tiempo del modo de producción capitalista y las teorías administrativas y gerenciales.

La memoria más allá de un simple sensualismo, significa una interiorización e intensificación que se traduce en interpretación de todos los elementos participantes en nuestra vidas, los símbolos ya explicitados en cuanto a la gerencia, pasa de lo sensual a lo metafísico, que conduce a una fenomenología de la cultura, por lo que se puede decir, que la memoria simbólica es aquel proceso en el cual el hombre no sólo repite su experiencia, sino que la reconstruye, donde la imaginación se convierte en un elemento del genuino recordar.

Hasta ahora se ha hablado de pasado y presente, pero el futuro constituye otra dimensión a considerar como expectación dirigida hacia el futuro, ello captado por nuestra conciencia con anterioridad al pasado, dándose un estado permanente de ansiedad, dudas, temores y esperanzas, convirtiéndose en un ideal, de donde se genera entonces un futuro simbólico entrelazado con el pasado muy análogo y traspasa los límites de la vida practica como imperativo existencial del hombre.

En este orden ideas, volviendo al tema del conocimiento humano se entiende éste como un conocimiento simbólico, que lo direcciona a operar un proceso de distinción entre cosas actuales y posibles, reales e ideales, reiterándose que un símbolo no posee un carácter físico, sino que " posee un sentido" (op. cit., pág. 52). En este sentido, explica el autor que se da un cambio al momento de tomar conciencia de la presencia de un objeto, que sigue el proceso de la posesión primera del objeto en la mente, y aquel que se presenta, lo cual presupone entonces el encuentro de uno con el otro, pero sólo bajo la premisa de existencia imaginaria previa, trasladando esta situación a la ciencia, entonces se asiente que los hechos de la ciencia requieren de un elemento teórico previo, es decir simbólico, lo cual se

VULNERABILIDADES PERCEPTIVAS DEL GERENTE

explicita en forma clara en las matemáticas, y en las teorías administrativas y gerenciales, al igual que sucede con las manifestaciones culturales del mito, la religión y el arte, y todo ello mediado por el lenguaje pero este, indica el autor: es, por naturaleza y esencia, metafórico; incapaz de describir las cosas directamente, y por lo tanto apela a modos indirectos de descripción, a términos ambiguos y equívocos.

Esta ambigüedad inherente al lenguaje, debe su origen según el autor, al mito, "y en ella ha encontrado siempre su alimento espiritual" (op. cit., pág. 95), la palabra como operacionalizador del lenguaje, que si bien ésta no puede mover objetos físicos, sí lógicamente supera esta capacidad, influyendo en la voluntad de los seres humanos, tal como se evidencia en los postulados de la retórica, lo que conduce a entender las atribuciones míticas, metafísicas y pragmáticas del lenguaje. Desde este punto de vista, explica Cassirer que la palabra como medio de diferenciación otorga calificativos que trascienden la mera nomenclatura a una determinación derivada de intereses y propósitos humanos, basados en elementos constantes y recurrentes de nuestra experiencia sensible, que revelan una unidad y continuidad profunda y no hechos aislados, ante lo cual indica el autor de la mano con Bergson respecto del arte como manifestación de estos procesos señalando que:

En los procesos de arte encontraremos, en una forma debilitada, una versión refinada y espiritualizada, en cierto grado de los procesos empleados comúnmente para producir el estado de hipnosis... El sentimiento de lo bello no es un sentimiento específico... todo sentimiento experimentado por nosotros asumirá un carácter estético siempre que haya» sido sugerido y no causado... Así pues, tenemos distintas fases en el progreso de un sentimiento estético como en el estado de hipnotismo... *(Essai sur les donnés immédiates de la conscience.)* (pág.139).

Otro aspecto a considerar es la historia, pero en perspectiva del historiador, se reedita la condición de construcción previa del objeto en su interior antes que el encuentro con el mismo, de tal manera que, opera una idea previa de los hechos antes de ser observados, y cuyo proceso es parte de la historia misma y sin el cual ésta no tendría sentido, se hablaría de las experiencias vividas por un gerente y hasta la superposición de su vida particular, tal como se evidencia en la expresión:

> Si el historiador consiguiera borrar su vida personal, no por esto lograría una objetividad superior; por el contrario, se privaría a sí mismo del verdadero instrumento de todo pensamiento histórico. Si yo apago la luz de mi propia experiencia personal, no podré ver ni juzgar la experiencia de los demás. (op. cit., pág. 161).

Lo anteriormente expuesto lleva entonces a concluir que, el hombre vive en un ambiente físico que ejerce permanente influencia sobre éste y signa su forma de vida, por lo tanto, pareciera que no está permitido al hombre olvidar, no obstante, cada acto es el resultado de una imaginación productiva.

En definitiva, se puede concluir que el lenguaje, el mito, el arte, la religión y la ciencia son los elementos y las condiciones fundantes de esta forma superior de sociedad, y en medio de ellos las formas de la vida social que advertimos en la naturaleza orgánica se desarrollan en un nuevo estado, que es el de la conciencia social, la cual depende de un doble acto, de identificación y de discriminación, por lo tanto "El hombre no puede encontrarse a sí mismo, ni percatarse de su individualidad si no es a través del medio de la vida social." (op. cit., pág. 192). Y desde el punto de vista gerencial, se puede decir que existe entonces una conciencia fundada en: fondos, capital, competencia, valor, ganancias, economicismo, producción, precios, interés, y mercancía entre otros, y si se entiende a las organizaciones como estructura social y entonces cabe afirmar que el gerente no puede encontrarse a sí mismo, sino a través de este medio social y este medio social fundamenta su cultura en los términos simbólicos ya mencionados.

Signos, postlenguaje y conductismo en la praxis gerencial

Los signos implican conducta, y esta conducta aparece dentro de un sistema más amplio de aquel que interpreta el signo y generalmente dentro del contexto de un sistema de conducta, que incluye un número de organismos, entonces, podría hablarse del mundo simbólico del modo de producción capitalista y por ende el mundo gerencial, más aún los signo no solamente adquieren una significación en un momento determinado, sino que poseen esta significación únicamente en el marco de la vida particular de quienes lo interpretan, cada gerente de acuerdo a su naturaleza propia.

De esta manera, los signos van asociados a ciertos rasgos distintivos de la personalidad humana, abarcando fenómenos como el mito, la ley y el dinero, elemento de amplia difusión en los resultados de la obra analizada. En este orden de ideas, el problema de los signos abarca tanto el lenguaje, lo auditivo, kinestésico, visual y propioperceptivo, de tal forma que, se puede considerar una serie de elementos comprendidos dentro del campo visual, que poseen un amplia iconicidad tales como: fotografías, mapas, cuadros, los sueños, las partituras musicales, la danza, la ropa, el juego, el dinero, los ritos y la actividad humana misma, así mismo, tenemos que la actividad económica, y sus signos, provocan una valoración positiva de los mismos desde un uso parcial hasta su totalidad como direccionadores de conducta, tal como los resultados tan bien conocidos de la actividad gerencial en términos de productividad; de aquí el importante papel que los signos no vocales al igual que estos juegan en la sociedad (Morris, 2003).

Ahora se hará mención a lo que el autor denomina "símbolo personal de postlenguaje" (op. cit., pág. 238), derivados del estímulo propioperceptivo originado en el lenguaje, así, al hablar en voz alta (también refiere el autor al pensar), no solo los sentidos captan los sonidos, sino que los sentidos también son estimulados por las reacciones que realiza, mientras produce estos sonidos, lo cual genera construcciones simbólicas que inclusive pueden sustituir otras preexistentes, lo que tiene explicación en frases como "hablar consigo mismo", pero no son mensajes para un interlocutor sino para nosotros mismos, se insertan en el acto de pensar o pensar en voz alta, o quizás según el autor sean la misma cosa, ante lo cual indica Morris: "Los símbolos personales de postlenguaje conceden así a un organismo la máxima posibilidad para influir por medio de signos sobre la dirección de su conducta" (op. cit., pág. 239).

Entonces, los momentos donde el gerente da indicaciones a sus subalternos, expone sus ideas o sus planes, presentan los resultados de gestión o intenta en sus momentos de soledad explicarse algún hecho, piensa como hará una exposición o expresará alguna idea en público podrían ser eventos que tienen relación con este fenómeno del postlenguaje.

En este orden de ideas, se puede hablar de la libertad al máximo nivel de desarrollo alcanzado en el postlenguaje, esto permite que el ser humano se convierta en un individuo autocondicionado. Igualmente, cada persona puede determinar cómo reaccionar ante ciertos signos, implicando en ello la validez o adecuación de dicho signo, en este orden de ideas de forma sutil y compleja como etapa preparatoria, pero que han sido en su generalidad producto de este efecto de postlenguaje y muy rara vez de una construcción innata del hombre. Así los elementos simbólicos del ámbito gerencial constituyen la carga simbólica que manejará el gerente en el desarrollo de la actividad del postlenguaje, y desde el efecto que este produce en la conducta reforzará el efecto simbólico gerencial en el gerente una y otra vez.

Ahora explica el autor, que un proceso semiótico puede ser saludable o patológico. La diferencia entre signos saludables y patológicos estriba en la posibilidad de corrección y mejora de un signo, si el signo puede ser mejorado, pueden corregirse los errores derivados de su interpretación y llevarse a su adecuación al contexto y necesidades de los individuos, pero si se da una imposibilidad de cambio este se convierte en patológico. Las causas de esta inflexibilidad son numerosas y complejas, siendo una causa importante la satisfacción que produce un signo, que aunque sea parcial y se encuentre en el ámbito de signos inadecuados produce una sensación que es de su preferibilidad, y genera resistencia a su modificación o remoción por su utilidad para ciertos propósitos (lo que llamamos comúnmente "resistencia al cambio"), así indica Morris "los seres humanos no sólo usan los signos para lograr directamente ciertos intereses, sino también para asegurarse de que llegarán a satisfacer tales intereses y que no quedarán frustrados" (op. cit., pág. 242). Podríamos mencionar malas prácticas gerenciales que generan resultados buenos en la inmediatez o satisfacción de intereses particulares, aun apartándose de la normativa moral y hasta legal.

La idea antes expuesta, permite preguntarnos si las disciplinas administrativas han incurrido en lo patológico en cuanto a no poder ver la inadecuación de su estructura semiótica en el fin último en lo social y humanístico de su objetivación y por lo tanto, tampoco permitir la visión del contexto ni la contextualización épocal, quedándose ancladas en los categoriales mencionados como medios inmediatos de satisfacción.

De aquí se da la posibilidad para entender que, los signos que sirven como instrumentos direccionadores de la conducta respecto de los objetos, se conviertan en elementos obstructores de la adecuada adaptación a dichos objetos, o sea de llegar a ver la realidad; de esta manera se tiene que las afirmaciones, apreciaciones y prescripciones falsas que puedan satisfacer ciertas inclinaciones tienden a direccionar nuestra conducta, por lo tanto se puede afirmar que la iconicidad posee la propiedad de sustituir la realidad.

Otro elemento a considerar es la diferencia de interpretación que puede ser otorgada a un signo en lo personal y lo interpersonal, tal es el ejemplo del concepto del símbolo de madre para la sociedad, como ser dador de vida y objetivadora de la crianza de los hijos y el concepto que pueda tener alguien que fue abandonado por su madre. Lo cual podrá ocasionar conflicto, lo que puede traducirse en perturbaciones de la personalidad, asunto que permite inferir sobre las vinculaciones de la semiótica con la personalidad; entonces, es lógico decir que los signos pueden ser agentes de conflictos, que también podrían perpetuarse y no permitir su adecuación, pero más aún formar cadenas interminables que dificultan llegar al signo originario de ciertas conductas.

No obstante, mediante el razonamiento, se podría convencer a una persona de modificar o sustituir un signo, de esta manera los signos tienen diferentes finalidades dado que el interpretante de cada signo es en sí un fenómeno de conducta, con lo cual el efecto de un signo sobre otro signo no es más que el efecto de conducta sobre conducta (Morris, 2003).

De igual manera, prosigue el autor mirando los signos en su dimensión interpersonal, explicando que a nivel social se da generalmente una conducta cooperativa como manifestación cultural que tiene como medio de vinculo el lenguaje con inclusión en los ritos, ceremonias, monumentos y productos de la industria y el ornato, en tal sentido, se puede decir que la cultura existe en el medio ambiente de los signos, de tal manera que tomando en cuenta que los signos de una cultura son interpersonales, participar de la misma implica adoptar sus signos, por lo tanto la cultura del modo de producción capitalista, marca la cultura gerencial en torno a los categoriales ya indicados, con arreglo a una naturaleza humana permeable, a sus formas icónicas, lingüísticas y postlingüísticas, ello cohesiona a dicha sociedad (mundo gerencial) alrededor de sus afirmaciones, apreciaciones y prescripciones respecto de su conducta, ello da la cualidad al grupo de "utilizar los servicios de los actores sociales, determinar sus objetivos, aliviar sus ansiedades, celebrar sus conquistas e incitarse a la acción" (op. cit., pág. 250).

En este orden de ideas, indica Morris que una cultura es una configuración de signos y transmisión, es por medio del signo, que se va inspirando al individuo sobre las afirmaciones, apreciaciones y prescripciones de dicha cultura; la sociedad toma control del individuo y éstos se adaptan a sus fines, de esta manera los principiantes en cada cultura asumen el papel de los antiguos y reaccionan ante sí mismo de acuerdo al rol asumido. De esta manera con arreglo los signos de lenguaje y del postlenguaje, indica Morris:

El individuo hace carne en sí mismo el proceso socialmente objetivo de la comunicación del lenguaje, su pensamiento retiene el esquema de la conversación, y su dominio de sí y por medio de signos continúa en forma nueva y sutil las técnicas del control social, surgen así los fenómenos de conciencia y de culpa (op. cit., pág. 251).

De esta manera, dichos fenómenos introducen en la conducta, bien sea patológica o no, una intrincada red de complicaciones afectando la personalidad del individuo y más aún, haciendo sumamente complicada la tarea de interpretar la conducta de dicho individuo, este proceso de adopción de símbolos icónicos, lingüísticos o post lingüísticos se refuerza en el hogar con arreglo a la aceptación social, de tal manera que cualquier actitud por innovadora y revolucionaria que sea, debe realizarse de acuerdo a las estructura simbólica de dicha sociedad. Igualmente, se presenta el reforzamiento por parte de las instituciones educativas, el cine y el arte, la lectura, que permiten a la sociedad, reiterando la discursiva previa reservarse el control conductual del individuo. Por lo tanto, la aceptación que tenga cualquier idea innovadora dependerá de su apego a determinada herramienta gerencial, al igual que el reforzamiento que los resultados de la aplicación de determinada herramienta o manera de conducirse de un gerente que haya tenido resultado exitoso.

No obstante, el autor asoma el elemento biológico como actor preponderante y nunca despreciable en la respuesta final del individuo ante las exigencias del simbolismo social, lo que lleva a Morris a expresar: "toda cultura cuenta con miembros *desviacionista*, que no logran satisfacer sus necesidades individuales dentro de las técnicas de satisfacción preconizadas por su sociedad" (op. cit., pág. 253), serían aquellas personas que no se adaptan al medio.

Prosigue éste indicando, que los procesos semióticos entonces actúan de según la validez y adecuación de los signos de acuerdo a la particularidad de los individuos, pero ello lleva un proceso de corrección para amoldar al hombre a la sociedad que lo admite, sin embargo, existen individuos desviados que mostrarán mayor diferenciación de dicho amoldamiento, se puede hablar entonces con arreglo a los categoriales de la naturaleza humana, de individuos que trasponen los límites de las normas morales, por una parte, llevados por signos de opulencia y por otra parte, indiferentes a la normativa, al igual que pueden presentar problemas de competencias profesionales o rasgos aptitudinales de personalidad que no les permite acomodarse a la organización o sea no logran adaptarse.

De lo anteriormente señalado, se pueden distinguir a nivel social al igual que personal como ya se ha indicado procesos semióticos sociales saludables y procesos semióticos sociales patológicos, en este orden de ideas, en una sociedad sana los signos deben en toda su esfera de dar respuesta a las necesidades de dicha sociedad e irse adecuando a la diversidad y cambio necesarios para el sostenimiento de esta sociedad, así se reafirmarán sus apreciaciones y prescripciones sobre sus necesidades reales de acuerdo al contexto, lo que le permitirá la construcción dinámica de los conocimientos. Si esta adecuación se da, los postulados gerenciales deberían de irse amoldando a las realidades sociales, en el entendido que toda empresa debe satisfacer una necesidad social, su razón social, y por su puesto el individuo que se desempeña como gerente debería adoptar las conductas acordes a estos cambios.

Sin embargo, como reflexión obligada indica el autor que no siempre se dará una representación fidedigna de la realidad, pero las aproximaciones y reapreciaciones flexibles permitirán lograr la adecuación de acuerdo a las necesidades que surjan. Por otra parte, cuando las sociedades se aferran a signos que sólo satisfacen parcial o momentáneamente sus necesidades, y por tanto se convierten en referentes paradigmáticos, estas podrían estar cayendo en una situación de patología. De aquí la reflexión de acuerdo a los hallazgos donde, si bien es cierto que las teorías administrativas y gerenciales han evolucionado en términos de productividad, el hecho de aun conservar los referentes simbólicos originario del sistema capitalista o no incorporar nuevos contenidos simbólicos de adecuación, no es un signo de una patología originaria de estas teorías administrativas y gerenciales, al igual que se podría inferir sobre la existencia de contenidos simbólicos aún no develados de este sistema y no representados en las teorías administrativas y gerenciales.

Otro aspecto aún no tratado es lo referido a las relaciones de competencia, donde los signos de igual forma ejercen su papel, de manera tal, que los signos tienen presencia en todos nuestros actos, sin embargo requieren para su objetivación como direccionadores conductuales del proceso de comunicación, aspecto que permite al autor interrogar sobre el simbolismo interno para comunicarnos con nosotros mismos y el externo en la comunicación interpersonal, de donde surge un elemento crucial como es la carencia de signos para transmitir, recibir o interpretar. De aquí también podría inferirse la existencia de elementos aun no traducidos simbólicamente que generan efectos y consecuencias que no le encontramos explicación.

Lo anteriormente indicado, pone en evidencia un paralelismo entre los fenómenos que emergen bien sea de la dinámica social o intrapersonal y la capacidad del ser humano para producir las construcciones semióticas que le permitan interpretar dichos fenómenos, asunto que limita igualmente la comprensión del mundo gerencial, y que finalmente se hace necesario entender que el signo como direccionador conductual enfrentado a nuestra naturaleza, preferiblemente aceptado por un proceso reflexivo luego en su repetitividad, puede ser asumido como verdad irreflexiva, motivado a la operación sicológica que da por hecho lo tantas veces repetido y desvía economicistamente la respuesta ahorrándose el proceso reflexivo primario del análisis e interpretación, generando una actitud conductista, lo que entonces como un bucle nos conduce a explicar los resultados de la acción gerencial con arreglo a conductas derivadas de la saturación de signos, incautamente alejada de una reflexividad adecuadora a las realidades de cada momento.

V VULNERABILIDADES PERCEPTIVAS DEL GERENTE

> La condición del símbolo, como único mediador entre el hombre y la realidad lo hace sumamente poderoso en cuanto direccionador de sus interpretaciones y subsiguiente acción efectora (decisión), evidenciándose una gran Vulnerabilidad Semiótica como Naturaleza Humana (López, 2013, pág. 315).

Saturación Simbólica

Continuando con la conclusiva en cuestión, emerge el categorial denominado saturación simbólica, conceptuado como el producto de la importante aparición de elementos simbólicos cuya presencialidad saturan el contenido de la obra de Adam Smith, de manera objetiva en términos de vocablos altamente repetidos y también frases que generan un sobreentendido, que toman carácter transversal, comprendida por fondos, capital, competencia, valor, ganancias, economicismo, producción, precios, interés, y mercancía entre otros, y su objetivación en la riqueza, simbolismo de la posición gerencial como los despachos u oficinas, la secretaria o asistente, ascenso social por la remuneración del cargo o ganancias del negocio, la ropa, el ambiente de las reuniones de trabajo y sociales, los carros y joyas y el poder, entre los cuales se dan relaciones causales de motricidad, oposición y dependencia, que por su puesto desbordan la capacidad perceptible del gerente, más aún en la contradicción entre las perversidades del sistema capitalista y la aceptación de su capacidad para producir, introduce un elemento complejo de disonancia que disloca la percepción del gerente situado entre el capitalista y el obrero como explotador y explotado y se inscribe en una red simbólica de acceso a la realidad en término de la simbiosis de los sentidos y **La naturaleza humana**: Una naturaleza humana física y psíquica que le otorga fortalezas y debilidades, capacidades limitadas para una cosa y especiales para otra, por lo cual habrá quienes tendrán ventajas sobre otros en determinados aspectos y una intrincada composición de sentimientos prestos a emerger en forma positiva o negativa de acuerdo a la situación. Entonces, se está ante un difícil camino de nuestra estructura biológica imperfecta, que solo nos permite captar una parte de la realidad.

Los misteriosos y multidimensionales laberintos de la naturaleza humana

Los ángeles y demonios

Los elementos que moran en las profundidades de este misterioso océano que es la naturaleza humana, están representado por los innumerables sentimientos que direccionan de manera consciente o inconsciente la forma de comportarse que el individuo manifiesta, entre los cuales podemos mencionar el amor, odio, indiferencia, envidia, rencor, desprecio hacia el otro, sentimientos de superioridad e inferioridad, opulencia deseos de tener cada vez más, el egoísmo, la priorización de las necesidades vitales sobre el deber y hasta los instintos para garantizar la supervivencia de la especie y otros.

Los promotores fantasmales

En este aparte se exponen algunos elementos que incitan a la aparición de cada uno o de varios de estos ángeles o demonios, desde cualquiera de los lugares del laberinto de la naturaleza humana donde se encuentren a saber.

La predestinación

La naturaleza no ha hecho a todos los individuos iguales, unos han nacido en hogares afortunados, han estudiado y tenido éxito y otros no, de la misma manera están las dotes mentales y habilidades especiales para desenvolverse y triunfar en determinado medio que tienen unos y otros no, la capacidad para luchar y sobreponerse a los fracasos, virtudes como la capacidad analítica y el autocontrol y hasta las condiciones físicas pueden ser determinantes en la vida de una persona y por supuesto marcar la diferencia en la toma de decisiones de un gerente.

La artificialidad de la moral

El placer moral y los valores éticos

El asunto a considerar es el impacto de la manifestación conductual del individuo fruto de la emersión de determinado sentimiento de cualquiera de sus laberintos, lo cual puede ser aceptado o no por el entorno, y ello nos lleva a hablar de la moral, que no es otra cosa que un acuerdo normativo que un grupo o sociedad pactan para poder convivir y definir las cosas buenas y malas, y aquí se presenta la disyuntiva de si las múltiples interioridades del individuo le permiten estar en todo momento con las normas morales; aquí podemos hablar de valores morales (normas sociales) y valores éticos de cada persona (conjunto de valores intrínsecos de cada quien), con lo cual podría haber conflictos, inclusive entre la necesidad de aceptación en términos del placer moral experimentado por el individuo al verse aceptado por su entorno como recompensa a sus acciones y algún valor particular que lo contravenga.

Indiferencia de conciencia

De la misma forma, el individuo desde esta misteriosa naturaleza construye un sentido de **conveniencia** inmediata meramente volitivo, que mira lo corto placista y puede gatillar comportamientos fuera de las normas.

Asunto que coloca en el caso gerencial, al individuo en una posición de elección decisional según intereses acordes o no al orden moral prevaleciente, tomando en cuenta la aparición de valores éticos, vinculados a las costumbres que adquiera en la actividad gerencial enfocados en la eficiencia, la producción, la transgresión de normas para justificar ciertos fines, que dejarían a un lado la responsabilidad y la autorrealización.

VULNERABILIDADES PERCEPTIVAS DEL GERENTE

La conciencia social

En nuestra conformación social existe una conciencia social, la cual depende de un doble acto, de identificación y de discriminación, por lo tanto, el ser humano no es capaz de encontrarse a sí mismo, ni tomar conciencia de su individualidad si no es a través del medio de la vida social, en este caso la vida gerencial, así el gerente esta sociedad capitalista logra identificarse con ciertos valores los cuales acata y otros que discrimina.

Primacía de los bienes o posesiones sobre el orden moral

Dado que en la formación de capas de conocimiento sobre el por qué de las cosas, con la repetividad se forman capas donde no hay reflexión del por qué, sino atención hacia los resultados y de esta manera, los beneficios obtenidos superan la claridad intelectual y se convierten en dogma.

El negocio de la transacción cultural y el orden moral

En cuenta que los signos y símbolos de una cultura son interpersonales, la participación en la misma implica adoptar sus signos, así la sociedad por medio de la cultura toma control del individuo y éste se adapta a sus fines, en consecuencia los novicios en cada cultura asumen el papel de los antiguos y como ya se ha indicado, el individuo encarna en sí mismo la comunicación del lenguaje y en su pensamiento se retiene el esquema de la conversación, su dominio de sí y por medio de signos se afianzan las formas de control social, dando origen a los fenómenos de conciencia y de culpa en torno a los preceptos culturales asumidos, en este caso los preceptos de la teorética y praxis gerencial y por lo tanto la cultura del modo de producción capitalista.

De aquí la reflexión, de acuerdo a los hallazgos donde si bien es cierto que las teorías administrativas y gerenciales han evolucionado en términos de productividad, el hecho de aun conservar los referentes simbólicos originario del sistema capitalista o no incorporar nuevos contenidos simbólicos de adecuación, podría ser un signo de una patología originaria de estas teorías administrativas y gerenciales.

La naturaleza simbólica y el acceso al conocimiento

El símbolo y el signo

El medio por el cual el ser humano se comunica con el mundo es el lenguaje, el lenguaje se compone de signos y el significado que el hombre da a estos signos lo convierten en símbolos, así el ser humano se convierte en un ser simbólico, un ejemplo es la insignia de Mercedes Benz, esta insignia nos indica de inmediato que es una marca de automóvil llamada Mercedes Benz y nos lleva al símbolo de un auto costoso, calidad, estatus y otros atributos de acuerdo a nuestras experiencias, pero que pasaría con una persona que nunca ha visto un automóvil, tal vez el signo no significa nada y pasa desapercibido o lo asocia a otra cosa. Así se ve como el signo, el símbolo y el correlato en lenguaje logran que el ser humano desde un icono construya una red de significaciones. Pero la construcción de esta red de significaciones no es perfecta y desde el momento que nuestros sentidos captan algo hasta que creemos haberlo identificado y podemos decir algo de lo captado, o sea darle un nombre y por lo tanto tomar una posición ante el objeto captado que es nuestra opinión, se da un largo proceso donde intervienen tanto factores biológicos como psíquicos que distorsionan la verdad y en lugar de identificarla le otorgamos atributos, fruto de los elementos que se encuentran como alcabalas donde se introducen errores en ese recorrido.

Los errores de identificación

Como se ha visto, el símbolo no se presenta tal cual es, se presenta por medio de un signo (estrella dentro de un circulo), que requiere de ser interpretado, en otras palabras es un fenómeno que no muestra su verdadera cara y debe ser desenmascarado (significado del automóvil Mercedes Benz), en el caso de los conocimientos científicos como los postulados gerenciales, hay que considerar que toda teoría o ideología ha sido construida por un hombre imperfecto, por lo cual conlleva errores y omisiones que son arrastrados por quienes las aprehenden y emplean. Así dichas construcciones ya acarrearan errores originarios. Por otra parte, las corrientes del conocimiento científico se sustentan en paradigmas, estos paradigmas están ocultos bajo la lógica y seleccionan las operaciones lógicas, sin mediar en procesos reflexivos que permitan desarticular sus errores y por lo tanto se hace necesario llevar a cabo un proceso de identificación que depende de los conocimientos, habilidades y experiencia del identificador.

Ahora vamos con el identificador, es un ser humano con una constitución biológica similar estructuralmente como especie, pero diferente como individualidad, como especie, de la mano con Morín (op. cit.) se tiene que como ya se ha señalado que "Las vías de entrada y de salida del sistema neurocerebral que pone en contacto al organismo con el mundo exterior representan sólo el 2% de todo el conjunto, mientras que el 98% es el funcionamiento interior" por lo tanto la influencia de lo interno será mucho mayor que la del externo y por supuesto esta abismal diferencia da la ventaja a la subjetividad a imponerse sobre la objetividad.

Errores de procesamiento

Ahora se verán varias de las tantas distorsiones que sufre una realidad luego de ingresada a nuestro interior, a tal efecto se tiene que el ser humano vive en un constante proceso de transacción con el exterior, que se produce en el transcurrir del tiempo que va moldeando su carácter, por lo tanto lo vivido o sea el pasado le da significado a lo nuevo, quitándole parte de su novedad, esto se da en las etapas de aprehensión de la realidad, que pasa por una primera etapa reflexiva donde el individuo racionaliza en indaga los por qué, y unas sucesivas que dan por hecho estos por qué, lo que genera la formación de capaz de producir seudoconocimientos, cada vez más alejados de la realidad, obstruyendo la actualización de los conocimientos, dado que se opera en un devenir histórico que apela siempre al pasado y construye hábitos y costumbres de éste. Igualmente, esta historicidad en términos de memoria obliga una repetitividad que lleva a un constante proceso de comparación con lo anterior.

De la misma forma, se da una reconstrucción del conocimiento que no es otra cosa que traducción y reconstrucción, es por tanto interpretación, que conlleva al riesgo de error al interior de la subjetividad del cognoscente, de su visión del mundo y de sus principios de conocimiento, dando origen a errores de concepción y de ideas que desbordan la racionalidad.

De igual manera, introduce errores la mentalidad parcelada que pretende ver una actividad aislada de su entorno, sin entender la unidad y diversidad del individuo con sus particularidades y a la vez como integrante de un entorno que lo hace parte del él por medio de su cultura y moralidad, inmerso y sometido a fuerzas de impulsividad, afectividad y racionalidad que han sido previamente moldeadas por una cultura social y una cultural gerencial, signada por los símbolos de la productividad.

Igualmente, reforzando las ideas anteriores, hay que retomar que la acción interpretativa del individuo se encuentra en dos dominios, uno interior que es preconstruido en la cotidianidad de la vida y uno externo como la realidad que se presenta, depende de la capacidad de hacer conciliar estos dominios de cada persona su acercamiento o alejamiento de la realidad. Más aun, bajo la consideración que la mente apela al entorno para distinguir entre la realidad y lo imaginario, como se observa en la frase "Usted ve lo mismo que yo", entonces la mente del gerente apela a un conocimiento gerencial inacabado.

Errores de estaticidad

También hay que agregar que el ser humano no solo conoce de los signos y los emplea para comunicarse, los usa para hablar consigo mismo, aclarar sus ideas, estructurar un concepto de las cosas, explicarse a sí mismo los hechos, ello implica una repetición, un hablar consigo mismo denominado por Morris postlenguaje, esta repetitividad remite a la formación de capas ya mencionadas y a un efecto conductista que coarta la reflexión y la creatividad, ello conlleva a una conducta patológica del signo, que impide el reemplazo de signos que deben ser modificados en función de sus resultados o reemplazados por otros que han demostrado su adecuación, haciéndose resistentes al cambio.

Errores de interpretación y significación

El signo para obtener significado y convertirse en símbolo, debe transitar por un complicado sendero que comienza por una primera alcabala biológica, donde lo que queda del signo original pasa a lo que llamaríamos un proceso de comparación y depuración, donde cada uno de esos innumerables fantasmas intenta llamarlo de acuerdo a su afinidad, podría haber un mutuo llamado, y dependiendo de ello, el fantasma al cual se parezca más, luego de quitarle alguna porción y agregarle algo, le pondrá un nombre, le dará significado, y lo convierte en símbolo. Así un signo originario queda reducido al producto de un proceso de interpretación.

Determinaciones ontológicas de la ética gerencial

Las reiterativas razones de la multidimensionalidad de la naturaleza humana y del gerente, dejan al descubierto que esté antes que un mero instrumento dispuesto para poner en práctica una determinada teoría, en este caso lo gerencial, es humano y esta objetivación pasa por dicha condición (López, 2013), que afectada por lo biológico, lo histórico, lo cultural y lo antropológico más que procesar, mezcla la información recibida para generar una respuesta, respuesta que entonces depende de la complejidad de los datos, en este caso los que se generan en la actividad gerencial y que varían en características, velocidad, cantidad e inestabilidad, mediados a su vez por una unicidad universal traída desde una raíz común, como la sabia que corre desde la raíz del árbol y que se traslada al fruto, a la hoja y a la rama aunque estas tengan aspectos diferentes como un carácter ontológico que desde un enfoque filosófico (Ferrater, 1964), se denominan determinalidades ontológicas en vista del hilo conductor trazado desde los modos de producción, teorías económicas y teorías administrativas y gerenciales, en formas simbólicas lingüísticas a saber tales como: acumulación de Fondo, Capital, Competencia, Complejidad Gerencial, Costo de

VULNERABILIDADES PERCEPTIVAS DEL GERENTE

Dirección, Diferenciación Empleado - Empleador, Plusvalía, Utilidad, Interés e intereses, Pericia, Destreza e Inteligencia, Facultades Productivas del Trabajo, Precios, Producto, Producción, Riesgo, Salario como Reconocimiento por el Trabajo, Trabajadores, Variedad del Empleo, Valor Permutable del Trabajo, División del Trabajo, Trabajo Útil y Tecnología, Explotación, Mercado, Dinero, Reglamentación, Mercancía, Valor de Uso, Valor de Intercambio, Valor de la Mercancía, y Ganar - Perder, entre otros.

Esta alta variabilidad y complejidad de signos lingüísticos vistos desde los procesos y enfoques ofrecidos por los diferentes autores consultados generan en el individuo una saturación simbólica, que enfrentada a la vulnerabilidad semiótica, fruto del intrincado camino que debe reconocer el individuo, para ponerse en contacto con la realidad, prácticamente lo confunden colocando al gerente en una casi situación de indefensión ante el bombardeo del escenario gerencial.

Ahora el asunto no es solamente que el gerente no pueda interpretar adecuadamente una situación y que, aunque tenga consecuencias desagradables, ello pase y como buen boxeador se levante a seguir combatiendo, es que como hemos visto ya, su estructura perceptiva e interpretativa ha sido modificada por el hecho, y debe entonces reinterpretarse a sí mismo para poder enfrentar cada situación subsiguiente.

Estas variabilidades de intercambios perceptuales van conformando al hombre, modos de ser que, a tono con

Aristóteles, en términos de hábitos y costumbres en la praxis cotidiana, generan respuestas conductuales conscientes e inconscientes que, de la mano con López, (2013), podrían catalogarse como una conducta ética enfocada desde la concepción de:

> La denominación o denominaciones de aquella dirección de acción que tomamos como complemento, reafirmación, indiferencia o contraposición de otras direcciones de acción aceptadas por un grupo o de otro origen, ante una situación que requiere de una respuesta, cuando nos enfrentamos a un elemento que nos agrada o desagrada, y que podemos adoptar en soledad, sin testigos o temor de normas que lo recriminen o castiguen y por lo tanto no tendrán ningún costo material o moral y podrían rendir beneficio o inconveniencia (pág. 313).

REFERENCIAS CONSULTADAS

Amaru, C. (2009). **Fundamentos de administración, Teoría General y proceso administrativo.** (Trad. Jacqueline Chávez). Prentice Hall editores. Caracas.

Aristóteles. (1984). **Ética a Nicómaco Vol. 1.** (trad. Pedro Simón Abril). Ediciones ORBIS S.A.). Barcelona.

Cassirer E. (1968). **Antropología Filosófica Introducción a una filosofía de la cultura.** Fondo de Cultura Económica. México.

Drucker, P. (1999). **Los Desafíos de la Gerencia para el siglo XXI.** Editorial Norma. Barcelona.

Ferrater, J. (1964). **Diccionario de filosofía.** Editorial Sudamericana. Buenos Aires.

Gabaldón, F. (2007). **Filosofía y Gerencia.** Universidad de los Andes Consejo de Publicaciones. Mérida.

Guedez, V. (2002). **La Ética Gerencial.** Editorial Planeta Venezolana S.A. Caracas.

Heidegger, M. (2008). **El ser y el Tiempo.** (2da edic. 10ta reimp). Fondo De Cultura Económica. México D.F.

Hursserl, E. (1997). **La Idea de la Fenomenología.** (Segunda reimpresión.). Fondo de Cultura Económica. Madrid.

López, E. (2013). **Construcción hermenéutica de una analítica de la ética gerencial.** Tesis doctoral para optar al título de Doctor en Ciencias Gerenciales en la Universidad Nacional Experimental de la Fuerza Armada Nacional Bolivariana. Naguanagua- Carabobo.

Maffesoli. M. (2009). **El Tiempo de las tribus.** Siglo Veintiuno editores. Madrid.

Maturana, H. y Varela, F. (2003). **El Árbol Del Conocimiento.** Lumen Editorial Universitaria. Buenos Aires.

Martínez, M. (2007). **El paradigma emergente.** Editorial Trillas. México.

Masllow, A. (1985). **El hombre Autorrealizado.** (5ta edición). Grupo Editorial Norma. México.

Mc Gregor, D. (2006). **El Lado Humano de las Empresas.** Mc Graw Hill Interamericana. México.

Moreno, A. (2008) **EL Aro y la trama.** Editorial Episteme. Caracas.

Morín E. (1990). **Introducción al Pensamiento Complejo.** Editorial Gedisa. Barcelona - España.

------------------------. (1999). **Los Siete Saberes Necesarios para la Educación del Futuro.** Editorial SANTILLANA. Bogotá.

------------------------. (1999) **Con la Cabeza Bien Puesta.**

Editorial Nueva Visión. Buenos Aires.

Morris, J. (2003). **Signos, lenguaje y Conducta**. Editorial Losada. Buenos Aires.

Nietzsche, F. (2007). **La Genealogía de la Moral** (Trad. Equipo editorial). EDIMAT. Madrid.

_____. (1984). **Humano, demasiado Humano** (20da. Ed.) Equipo editorial EDAF S.L. Buenos Aires.

Platón (1997). **La República.** Panamericana Editorial. Santa Fe de Bogotá.

Smith, A. (1803). **Investigación de la Naturaleza y Causas de la Riqueza de las Naciones.** Imprenta Real. Madrid disponible en internet en: http://www.google.co.ve/ books.google.com › History › General. Consultada el 15 de mayo de 2012.

Soto, E. y Cárdenas J. (2007). **Ética en las organizaciones**. Editorial Mc Graw Hill. México.

Soto, M. (1999). Edgar Morín. **Complejidad y el Sujeto Humano**. Universidad de Valladolid. Valladolid.

Szlaifsztein, G. (2000). **Hipótesis y Teoría de la Organización**. Disponible en internet en la dirección www.monografías.com/trabajos/ hipoteorg.shtml. consultada el 20 de abril de 2009.

Von Bertalanffy, Ludwig. (1989). **Teoría general de los sistemas**. Fondo de Cultura Económica, México.

ACERCA DEL AUTOR

Ernesto José López Villamizar, es graduado como oficial de la Armada y Licenciado en Ciencias Navales, mención Electrónica en la Escuela Naval de Venezuela el año de 1980, pasó a la situación de retiro en el año de 2010, con el grado de Capitán de Navío. Entre los cursos profesionales más importantes se encuentran: curso básico de submarinos en la República del Perú, curso de Comando y Estado Mayor Naval en la Escuela Superior de Guerra Naval de la Armada de Venezuela, Especialización en Gerencia de Recursos Humanos, Maestría en Relaciones Laborales y Administración del Trabajo y Doctorado en Ciencias Sociales mención Estudios del Trabajo en la Universidad de Carabobo, Especialización en Organización de Empresas en la Universidad Central de Venezuela, Maestría en Seguridad y Defensa de la Nación en el Instituto de Altos Estudios de la Defensa Nacional "Gran Mariscal de Ayacucho Antonio José de Sucre", Doctorado en Ciencias Gerenciales en la Universidad Nacional Experimental Politécnica de la Fuerza Armada Nacional. Entre los cargos más relevantes ejercidos por el autor se encuentran: Director de la Escuela de Submarinos de la Armada, Comandante del Submarino "AB Sábalo" S-31, Comandante del Escuadrón de Submarinos, Decano del núcleo Carabobo y del núcleo Puerto Cabello de la Universidad Nacional

Experimental Politécnica de la Fuerza Armada Nacional. Como docente ha ejercido desde el año 1985 en la Escuela de Submarinos de la Armada, Escuela de Postgrado de la Armada, en las áreas de postgrado, pregrado e investigación de la Universidad Nacional Experimental Politécnica de la Fuerza Armada Nacional, Universidad Alejandro de Humboldt, Universidad de José Antonio Páez y Universidad de Carabobo. Es actualmente docente en Ciencias Sociales de la universidad de Carabobo para el área de investigación y Gerencia. Igualmente ha publicado artículos en revistas militares y civiles nacionales e internacionales, autor de los libro: El mundo de la vida de los tripulantes de submarinos de la Armada de Venezuela y La Seducción de Neptuno, Así hice mi tesis doctoral y creador del prograrama doctoral en Organización y Gerecia de la Universidad Arturo Michelena además de haber participado como conferencista en eventos nacionales e internacionales y ejerce como docente investigador, tutor y asesor de trabajos de grado y tesis doctorales, Michelena, miembro de la comisión coordinadora de doctorado en Ciencias Sociales mención Estudios del Trabajo en la Universidad de Carabobo, asesor de la Global Humanistic University de Curazao, docente asociado del GSOBEE y Vicerrector Académico de la Universidad Arturo Michelena.

VULNERABILIDADES PERCEPTIVAS DEL GERENTE

www.ingramcontent.com/pod-product-compliance
Lightning Source LLC
Chambersburg PA
CBHW071421210526
45465CB00001B/484